Julian Bruns / Kathrin Glösel / Natascha Strobl
Rechte Kulturrevolution

W0013244

Julian Bruns ist Skandinavist, Philosoph und Germanist. Er studiert(e) in Wien, Bergen und Köln. Zurzeit arbeitet er an seiner Dissertation zu faschistischer Literatur in Nordeuropa von 1918 bis 1940.

Kathrin Glösel studiert Politikwissenschaft sowie Europäische Frauen- und Geschlechtergeschichte in Wien und Nottingham. Derzeit arbeitet sie als Studienassistentin am Institut für Politikwissenschaft sowie in der dortigen Studienvertretung.

Natascha Strobl hat Politikwissenschaft und Skandinavistik in Bergen und Wien studiert. Sie engagiert sich bei Offensive gegen Rechts, einem antifaschistischen Bündnis in Wien. Außerdem bloggt sie auf www.schmetterlingssammlung.net.

AttacBasisTexte 47

Julian Bruns
Kathrin Glösel
Natascha Strobl
Rechte Kulturrevolution
Wer und was ist die Neue Rechte von heute?

VSA: Verlag Hamburg

www.attac.de

www.vsa-verlag.de

© VSA: Verlag 2015, St. Georgs Kirchhof 6, 20099 Hamburg
Titelfotos: Lexa_1112 und VRD – Fotolia
Alle Rechte vorbehalten
Druck- und Buchbindearbeiten: Beltz Bad Langensalza GmbH
ISBN 978-3-89965-639-8

Inhalt

Einleitung

Im Dezember 2014 wird ein Brandanschlag auf drei Gebäude des neu eingerichteten Flüchtlingsheims in Vorra, Mittelfranken, verübt.

Seit Oktober 2014 marschieren in deutschen Städten wie Dresden, Düsseldorf, München und Bonn selbst ernannte Patriot_innen als Bürgerbewegung auf den Straßen und warnen vor der vermeintlichen Islamisierung Europas. Unter dem Schirm von Pegida[1] reihen sich nicht nur zuvor nicht politisch aktive Personen ein, sondern – wie beispielsweise bei der Dügida[2] – auch Akteur_innen der Nationaldemokratischen Partei Deutschlands (NPD), Pro NRW, der Republikaner, der Rechten, der Alternative für Deutschland (AfD) sowie Burschenschafter.[3]

Man ist sich einig: Es gibt »zu viele Ausländer in Deutschland«, man solle nicht so viele Flüchtlinge aufnehmen und generell sei die Leitkultur gefährdet, der Islam sei allgegenwärtig.

Unterstützung bekommt Dügida von der Düsseldorfer CDU: Thomas Jarzombek, Vorsitzender des CDU-Kreisverbandes und Bundestagsabgeordneter, meinte gegenüber der Lokalpresse, die Anliegen seien berechtigt und im Rahmen der Verfassung, man könne also nichts machen. Gegenmobilisierung erfolgte also »nur« durch Antifaschist_innen, linke Aktivist_innen und Politiker_innen sowie Gewerkschaften und Kirchen.

Lutz Bachmann, bis zu seinem Rücktritt am 21. Januar 2015 Wortführer der Pegida, ist für den MDR ein legitimer Diskussionspartner und wird am 15. Dezember 2014 zur Sendung »Fakt ist ...« eingeladen. Konrad Adam und Alexander Gauland sowie Frauke Petry von der AfD zeigen Verständnis für die Anliegen und geben sich besorgt ob radikalen islamistischen Gedankenguts. Seit Frühjahr 2014 treffen an Montagen in Städten in

---

[1] Patriotische Europäer gegen die Islamisierung des Abendlandes.
[2] Düsseldorfer gegen die Islamisierung des Abendlandes.
[3] So dokumentiert für den 8. Dezember 2014.

Deutschland und Österreich Aktivist_innen zu Friedensmahnwachen zusammen. Inmitten teils diffuser Redebeiträge tun sich Jürgen Elsässer, Herausgeber des *Compact*-Magazins, Ken Jebsen, Journalist, und Organisator Lars Mährholz als Wortführer hervor – Antiamerikanismus, die Mär von Deutschland als besetztem Land und die Behauptung, »Systemmedien« lieferten nur Falschinformationen zur Politik, finden Gehör und Zustimmung.

Seit 2012 hat sich eine Jugendbewegung formiert, die sich die Identitären nennen. Sie bezeichnen sich als Jugendliche ohne Migrationshintergrund, die sich von der Mainstream-Politik nicht vertreten fühlen. Sie machen mit Tanzflashmobs, Störaktionen, Flyern und Video-Blogs auf sich aufmerksam und ihre Anliegen deutlich: Die »ethnokulturelle Identität« der Europäer_innen sei in Gefahr, es gäbe zu viele Immigrant_innen, zu viele Linke, zu viele Feminist_innen und generell sei Political Correctness Mittel zur Zensur. Mit T-Shirts, die die Aufschrift »Lampedusa Coastguard« tragen, wollen sie in zynischer Baywatch-Manier das Territorium der »Festung Europa« verteidigen. In Österreich werden Flüchtlingsunterkünfte in Zeltweg, Semmering, Traiskirchen und Leibnitz mit Transparenten verhängt und vor drohendem »Asylwahn« gewarnt.

Auf Ebene der Parteien ist die FPÖ unter dem Vandalen[4] Heinz-Christian Strache auf einem Umfragehoch, die AfD und die CDU/CSU sind sich einig, den Kampf gegen die rot-rot-grüne Koalition in Thüringen gemeinsam beschreiten zu wollen, während die CSU in Bayern fordert, dass in jedem Zuhause deutsch gesprochen wird. Die stellvertretende CDU-Vorsitzende Julia Klöckner wiederum fordert, in Deutschland die Burka zu verbieten.

Was zunächst wie eine Aufzählung von zusammenhanglosen Ereignissen wirkt, ist tatsächlich Symptom einer breit abgesicherten politischen Verschiebung nach rechts. Pegida, Identitäre, AfD, FPÖ, Teile der CDU/CSU, Akteur_innen der Friedensmahnwachen und einige mehr: Sie gehören zu einem politischen Spektrum, das als Neue Rechte bekannt ist. Die Neue Rechte in ihrer klassischen Form ist eine nicht klar zu umreißende Anzahl an Personen, Me-

---

[4] Strache ist Alter Herr der pennalen Burschenschaft Vandalia.

dien und Gruppen, die sich als Gegendiskurs zu 1968 verstehen und ihr ideologisches Vorbild in der so genannten Konservativen Revolution finden. Sie wenden sich gegen Marxismus und politischen Liberalismus und vertreten eine klare Ideologie der Ungleichheit. Ein zentrales ideologisches Moment ist darüber hinaus antimuslimischer Rassismus und sekundärer Antisemitismus – beides wird jedoch unter dem Deckmantel des vermeintlich gar nicht rassistischen »Ethnopluralismus« versteckt. Die Neue Rechte distanziert sich mantra-artig vom Nationalsozialismus, Teile betonen gar, überhaupt nicht rechts oder gar rechtsextrem verortet zu sein. Bei genauerem Betrachten ihrer Ideologie und politischen Stellungnahmen, gebildeten Achsen und der Biografie einiger federführender Akteur_innen wird klar, dass diese Selbstdarstellung rasch entzaubert werden kann.

Seit den Terroranschlägen vom 11. September 2001 haben die Neue Rechte und ihre Projekte wie Zeitungen, Think Tanks, Verlage und Bürgerinitiativen neuen Aufwind erhalten. Das Internet ist für die Neue Rechte ein zentrales Instrument, um Sympathisant_innen zu erreichen.

Im vorliegenden AttacBasisText wollen wir erklären, was es mit dem Ziel der Neuen Rechten, der »Kulturrevolution von rechts«, wie es Alain de Benoist aus Frankreich bezeichnet, auf sich hat. Wir werden erklären, wie die Neue Rechte Diskurse, also die Summe dessen, was zu einem Thema gesagt, gedacht, geschrieben und gezeigt werden kann, beeinflusst und versucht, ihre Begriffe und Argumentationen zu popularisieren. Dabei geht es auch darum, den Blick zu öffnen für Akteur_innen, die auf den ersten Blick gar nicht als rechtsextrem oder gefährlich gelten, jedoch ihren Beitrag leisten, die Neue Rechte als Spektrum und ihre Aushängeschilder zu salonfähigen Diskussionspartner_innen zu machen. Wir wollen zeigen, auf welche Ideologie sie sich stützen, wer die zentralen Akteur_innen und Netzwerke in Europa, vor allem aber im deutschsprachigen Raum sind und welcher Strategien sie sich bedienen. Ein besonderer Schwerpunkt liegt dabei auf den so genannten Friedensmahnwachen und den Phänomenen HoGeSa (Hooligans gegen Salafisten) und Pegida. Denn anhand dieser wird deutlich, wie die Neue Rechte versucht, sich in einer breiten Bewegung zu etablieren und eine Zusammenarbeit mit Personen herzustellen, die mit Rechtsextremismus, Verschwörungstheorien und antisemitischer Rhetorik nicht viel am Hut haben und sie dennoch aktiv mitunterstützen. Dabei zeigen wir gleichzeitig, dass rechtsextremes Gedankengut in offener wie verschleierter Form durchaus verbreiteter ist, als manche wahrhaben möchten. Denn das Gefühl, im gegenwärtigen politischen System nicht mehr repräsentiert zu werden, ist für viele Menschen Grund genug, sich politisch zu betätigen – neurechte Gruppen, Bewegungen und Netzwerke stehen mit offenen Armen bereit, sie geben sich »systemkritisch« und bieten einfache Antworten auf komplexe Fragen.

Was ist die Neue Rechte?

In aller Kürze

Die Neue Rechte ist ein Arbeitsbegriff und benennt ein politisches Spektrum, das sich in den späten 1960er Jahren von Frankreich ausgehend etabliert hat. Die Neue Rechte bzw. ihre Angehörigen verstehen sich als Gegenkraft zur so genannten 68er-Bewegung und entwickelten eine autoritäre Gegenutopie zur modernen, bürgerlich-liberalen und emanzipierten Gesellschaft. Dementsprechend sind sie gegen Liberalismus[5] und Egalitarismus[6]: Nicht das emanzipierte Individuum steht im Mittelpunkt des Denkens, sondern die – ethnisch bzw. völkisch definierte – Gemeinschaft. Diese Gemeinschaft fußt auf der Idee der so genannten Kulturnation, die davon ausgeht, dass es eine »ethnische Verbundenheit« zwischen den Nationsangehörigen gibt und Staatsbürgerschaft an quasi-natürliche Voraussetzungen, also Abstammung, geknüpft ist.

Diese Gemeinschaft soll hierarchisch gegliedert sein. Das einzelne Individuum erhält einen zugewiesenen Platz und hat sich in seiner Lebensweise den vermeintlichen Anforderungen der Gemeinschaft unterzuordnen. Emanzipation und Selbstbestimmung werden dementsprechend als dekadent gewertet und abgelehnt. Mit der Vorstellung, es brauche eine hierarchische Machtverteilung, geht der Wunsch einher, dass kulturelle und politische Eliten diese Gesellschaft beherrschen und gestalten sollen. Diesen Eliten wird zugetraut, die Bedürfnisse der »Volksgemeinschaft« befriedigen und die großen Fragen analysieren und beantworten zu können.

Ein wichtiger ideologischer Bezugspunkt der Neuen Rechten ist die so genannte Konservative Revolution. Dabei handelt es

---

[5] Das meint die Position, dass jeder Mensch als Einzelperson über Freiheitsrechte verfügt.

[6] Das meint die Position, dass jeder Mensch gleich viel Wertschätzung verdient.

sich um ein Netzwerk rechtsextremer Intellektueller, die während der Weimarer Republik gegen diese und damit gegen den Parlamentarismus, Marxismus, Pazifismus und Egalitarismus angeschrieben haben und die stattdessen eine militärisch schlagkräftige, homogene Volksgemeinschaft wollten. Es handelt sich also um eine Form von rechtsextremer Ideologie, die noch vor dem Nationalsozialismus und in diesen hineinwirkend existiert hat. Die Konservative Revolution und ihre Vertreter[7] sind weniger belastet als der Nationalsozialismus und eigneten sich daher sehr gut, um von der Neuen Rechten als historischer und ideologischer Bezugspunkt herangezogen zu werden. Die Protagonisten der Konservativen Revolution standen in einem ambivalenten Verhältnis zum Nationalsozialismus, das von begeisterter Unterstützung (etwa Carl Schmitt) bis zu Opposition reichte (z.B. Edgar Julius Jung). Mit der Abgrenzung vom Nationalsozialismus hebt sich die Neue Rechte von der Alten Rechten ab.

Besonderheiten der Neuen Rechten liegen sowohl in der *inhaltlichen Ausrichtung* und den historischen Bezugspunkten als auch in der *Strategie*. Die klassischen Neuen Rechten – also selbst ernannte Intellektuelle und Publizist_innen – wollten sich nicht der Parteienpolitik und damit dem Kampf um Wähler_innenstimmen widmen. Sie vertreten zwar wie die Alte Rechte einen strikten Antimarxismus und Antiliberalismus und eine Ideologie der Ungleichheit von Menschen, jedoch konzentrierten sie ihre Arbeit auf eine so genannte metapolitische statt tagespolitische Ebene.

Eine genuin neurechte ideologische Säule ist der *Ethnopluralismus*, der eine modernisierte Form des klassischen Rassismus ist. Kern ist die Forderung, dass Völker, die als ethnisch und kulturell homogen konstruiert werden, separat voneinander leben und sich nicht vermischen sollen. Ethnopluralist_innen argumentieren, dass Menschen immer einem Volk mit einer bestimmten Kultur angehören und diese Kulturen grundverschieden sind. Völker, die über Abstammungslinien, bestimmte Räume (Regi-

---

[7] Stellvertretend werden genannt: Carl Schmitt, Ernst Jünger, Oswald Spengler und Arthur Moeller van den Bruck.

onen, Ländergrenzen, Wohnorte so genannter Vertriebener) und als homogen gedachte Kulturen definiert werden, werden als gleichwertig, aber nicht gleichartig betrachtet. Diese angenommene Ungleichheit der Völker wird als natürlich dargestellt. Ethnopluralismus ist der Versuch, einen vermeintlich entbiologisierten Rassismus zu etablieren. Das Aufeinandertreffen bzw. die Vermischung dieser Kulturen wird als krisenhaft prognostiziert. Anders als der krude Rassismus der Alten Rechten spielt die Hierarchisierung und Abwertung bestimmter Kulturen bzw. Volksgruppen keine tragende Rolle.

Entwicklungsgeschichte und Ziele

Die Wurzeln der Neuen Rechten finden sich in Frankreich, wo sich mit GRECE (Groupement de Recherche et d'Etudes pour la Civilisation Européenne/Forschungs- und Studiengruppe für die europäische Zivilisation) 1967/68 die erste Struktur der so genannten Nouvelle Droite bildete. Zu den Gründungsmitgliedern zählte neben Dominique Venner[8] auch Alain de Benoist. GRECE war als intellektuelle Avantgarde und als Think Tank der Rechten konzipiert und richtete sich an Akademiker_innen und die Intelligenzija. Ziel war, das Scheitern der *Alten Rechten* in Frankreich zu analysieren und eine neue, salonfähige Variante für rechtsextreme Ideologie zu begründen. Die Neuen Rechten sprachen sich für autoritäre Herrschaftsverhältnisse aus und beharrten auf der Überlegenheit von Weißen gegenüber Nicht-Weißen, ähnlich der Alten Rechten. Allerdings wollten sie nun diese Konzepte in ein intellektuelles und kulturelles Paket schnüren, das breitenwirksam sein sollte. GRECE und besonders Benoist nahmen viele Anleihen an dem italienischen marxistischen Theoretiker Antonio Gramsci (1891-1937) und entwickelten – unter Auslassung wesentlicher Aspekte gramscianischer Theorie – die Strategie der *Kulturrevolution von rechts*. Das bedeutet, dass sie Mittel und

---

[8] Venner war ein rechtsextremer Publizist, der seit seinem Selbstmord 2013 in der Kathedrale Notre-Dame in Paris als Märtyrer der Neuen Rechten gilt. Venner wollte mit seinem Tod ein Zeichen gegen die eingetragene Partner_innenschaft und gegen Homosexuellenrechte in Frankreich setzen.

Wege finden wollten, in die Köpfe potenzieller Anhänger_innen vorzudringen, Diskurse zu beeinflussen und Begriffe umzudeuten oder zu prägen. Ziel war nicht, rechtes Gedankengut direkt in den politischen Prozess einzubringen und in Wähler_innenstimmen und Parlamentssitze zu übertragen, sondern im vorpolitischen Raum zu agieren. Sie hofften, mittels Veranstaltungen und Publikationen sowohl ein elitäres Publikum zu erreichen als auch über angesehene Persönlichkeiten, die als Vorbilder und Fürsprecher_innen agierten, in die gedachte »Mitte« der Bevölkerung einzudringen und deren Denken zu beeinflussen. Diese Strategie hat bis heute Bestand.

Die Neue Rechte wollte und will etwas erreichen, das als *Hegemonie* bezeichnet wird. Hegemonie meint eine durch breite Zustimmung abgesicherte Herrschaft, die nicht etwa durch Gegenbewegungen gefährdet wird.

Vom rein metapolitischen Konzept hat sich die Nouvelle Droite mittlerweile entfernt. Viele Akteur_innen sind bei Le Pen und dem *Front National* (FN) gelandet und dort auch tagespolitisch aktiv. Auch die spezielle Rolle der *Alternative für Deutschland* sowie rechte Think Tanks innerhalb der CDU/CSU (als Beispiel sei der Berliner Kreis genannt) zeigen, dass ein Punkt erreicht ist, wo aus der Mischung von finanziellen Ressourcen, Infrastruktur, medialer Aufmerksamkeit und Zustimmung aus der Bevölkerung auch Parteienstrukturen nutzbar gemacht wurden.

Doch zurück zur Entstehungsgeschichte: Mit großen Augen beobachteten nun in den 1970er Jahren Rechte in Deutschland die Entwicklungen in Frankreich und versuchten, ähnliche Netzwerke und Publikationsorgane zu gründen. Die Gruppierung *Thule-Seminar* unter Pierre Krebs hat als eine der Ersten versucht, das Konzept der GRECE nach Deutschland zu transferieren, blieb aber vergleichsweise bedeutungslos.

Um die Ziele der Nouvelle Droite in Frankreich bzw. der Neuen Rechten grob zusammenzufassen: Es geht nicht um Tagespolitik und das Gewinnen von Wahlen, sondern langfristig um eine Kulturrevolution und Diskursverschiebung. Die Metapolitik will eine Machtübernahme im vorpolitischen Raum. Es geht dabei nicht um Parteienpolitik, sondern darum, den Konsens einer Gesellschaft nach rechts zu verschieben, beispielsweise, indem Ressentiments gegen bestimmte Bevölkerungsgruppen nachhaltig geschürt werden. Das geschieht über intellektuelle Basisarbeit, wie Publikationen, Think Tanks, Sommer-Universitäten und Ähnliches mehr, aber auch mittels Alltagskultur. Ein Beispiel dafür, wie Aktivist_innen der Neuen Rechten heute in diese Alltagskultur eindringen und sie mitprägen wollen, gibt Philippe Vardon vom *Bloc Identitaire* (BI) in Frankreich, dem erwachsenen Vorläufer der Identitären in Frankreich. Er formuliert, dass es ihm und dem BI um den Aufbau einer »Gegen-Gesellschaft« geht: »*Gegenkultur* umfasst eine große Reihe von Facetten wie Orte, Autoren, Filme, Marken, Konzepte, Bilder, Ausdrucksformen, Lieder, Symbole, Souvenirs usw. [...] Ich appelliere [an] alle von uns, einen Baustein zu dem Gebäude beizutragen, das wir errichten wollen, sei es als freier Filmemacher, als freier Sänger und meinetwegen als freier Tätowierer oder als freier Mode-Designer.«[9]

Die Akteur_innen und Unterstützer_innen der Neuen Rechten lassen sich in drei Schichten verstehen: Den innersten Kern machen Intellektuelle aus dem rechtsextremen Spektrum aus. Sie leisten Begriffsarbeit und treiben eine Erneuerung der rechten Szene voran. Die mittlere, weichere und stärker fluktuierende Schicht bilden wertkonservative Intellektuelle, die keine Berührungsängste mit diesem modernisierten Rechtsextremismus haben. Sie eint u.a. die Ablehnung der Gleichheit von Menschen sowie Antimarxismus und Antifeminismus. Die dritte, flüssige Schicht besteht aus prominenten Akteur_innen oder medienwirksamen Aktionen, die auch Personen miteinschließt, die mit den anderen beiden Schichten nichts zu tun haben. Sie vertreten aber (bewusst oder unbewusst) dieselben Anliegen wie der Kern der Neuen Rechten und tragen zur Popularisierung rechtsextremer Botschaften bei. Dazu gehören beispielsweise Thilo Sarrazin, Akif Pirinçci oder auch – um populärkulturelle Beispiele zu nennen – Xavier Naidoo oder Andreas Gabalier aus Österreich.

---

[9] SOS Österreich: Interview mit Nissa Rebela-Chef Philippe Vardon, in: http://archive.today/2jUsv, 14. September 2011.

Begriffsdebatten

Die Neue Rechte bildet ein Spektrum, das eine Scharnierfunktion zwischen Wertkonservativismus und Rechtsextremismus einnimmt. Sie will eine Radikalisierung des bürgerlich-konservativen Spektrums unter dem Mantel des Rechtsintellektualismus vorantreiben. Denn das bürgerlich-konservative Spektrum ist zum einen empfänglich für diese Ideologie. Zum anderen ist es gesellschaftlich angesehen und politisch abgesichert und dadurch bestens geeignet, Rechtsextremismus zu popularisieren. Die Neue Rechte wirkt aus der vermeintlichen politischen »Mitte« heraus bzw. wird von ihr aktiv mitgetragen. Dieses Extremismus-Verständnis, wie es auch der deutsche Verfassungsschutz vertritt, versucht, eine Trennlinie zwischen genau diesen beiden Lagern der als gut, breit und demokratisch definierten »Mitte« und des marginalen, gefährlichen Rechtsextremismus, der nur von einigen wenigen und gefährlichen Vertreter_innen getragen wird, zu ziehen. Hier hinkt es: Denn die Neue Rechte ist ideologisch eine Form des Rechtsextremismus, wird aber breiter getragen als nur von einigen wenigen »Extremen«. Damit sprengt die Neue Rechte als Phänomen das Konzept des Extremismus-Begriffs.

Um diese Charakterisierung verständlich zu machen, müssen wir unsere Definition von *Rechtsextremismus* vorausstellen: Abgesehen davon, dass es sich bei »rechtsextrem« um einen Begriff handelt, der in der Alltagssprache fest verwurzelt ist, definieren wir »Rechtsextremismus« anhand seiner Ideologie, nicht an Grenzen vermeintlich konstanter (Parteien-)Spektren. Wir definieren als rechtsextrem, wenn im Zentrum einer Ideologie eine homogen gedachte »Volksgemeinschaft« steht, sich Angehörige durch Antimarxismus, Antiliberalismus, Antipluralismus und antidemokratische Gesellschaftskonzepte auszeichnen und wenn die Ungleichheit von Menschen propagiert wird.

Der Begriff »Neue Rechte« dient als Arbeitsbegriff und wird verschieden definiert. Eine Möglichkeit ist, die zeitliche Dimension heranzuziehen und zum Beispiel für die Zeit nach 1989 von der »Neuen Neuen Rechten« zu sprechen, da sich diese in den Aktionsformen von den Gruppen der 1970er und 1980er Jahre unterscheidet. Eine weitere Variante, den Begriff »Neue Rechte«

zu umreißen, ist, ihn nur für tatsächliche »Denkgemeinschaften«, also Think Tanks, mit entsprechend elitärem Charakter zu verwenden, die auch Ideologiearbeit leisten. Andere plädieren dafür, die Neue Rechte anhand ihrer Wirtschaftsideologie von der Alten Rechten abzugrenzen.

Eine abschließende, immerwährend gültige Definition kann dieses Buch nicht bieten, jedoch schlagen wir folgende Definition vor: Mit der Neuen Rechten meinen wir jene Personen, Organisationen und Medien, die sich ideologisch als Opposition zu 1968 verstehen und dabei auf geistige Vorarbeit der Konservativen Revolution zurückgreifen. Zu ihren Säulen zählen jene, die zuvor beim Rechtsextremismus kurz genannt wurden. Ihr Ziel ist eine Diskursverschiebung nach rechts und politische Hegemonie durch das Beeinflussen und Nutzen von Eliten.

Debatten um die Aufgeladenheit des Begriffs finden auch unter Anhänger_innen statt. Diese sind sich nicht einig, ob sich der Begriff als Selbstbezeichnung eignet oder nicht. Mitte der 1980er Jahre wurde »Neue Rechte« noch gerne als Selbstbezeichnung verwendet, vor allem um sich von der Alten Rechten, der man Theorielosigkeit vorwarf, abzugrenzen. Seitdem wurde der Begriff immer mehr zur Fremdbezeichnung. In der Diskussion geht es den Anhänger_innen weniger um die konkrete Definition als um die Frage, wie der Begriff im Mainstream verstanden wird und konnotiert ist. Die Debatte findet sich unter anderem in Artikeln der *Jungen Freiheit*, einer rechtskonservativen Wochenzeitung, die 1986 von Dieter Stein gegründet wurde, wieder. Letzterer lehnt die Bezeichnung ab, da sie eine »antidemokratische, genuin rechtsextreme Position« markiere, von der nicht wegzukommen sei. Götz Kubitschek dagegen hat kein Problem, sich als rechts (lieber noch als »rechtsintellektuell«) zu bezeichnen und verwendet den Begriff sehr wohl.

Wer ist die Neue Rechte in Deutschland?

Eine neue Generation

Um das Jahr 2000 herum hat eine Phase der Neuorientierung und Neugründungen der Neuen Rechten in Deutschland begonnen. Der ehemalige *Criticon*-Herausgeber Caspar Freiherr von Schrenck-Notzing (1927-2009) gründete im Jahr 2000 die *Förderstiftung Konservative Bildung und Forschung* (FKBF). Im selben Jahr gründeten Karlheinz Weißmann und Götz Kubitschek den neurechten Think Tank *Institut für Staatspolitik* (IfS), drei Jahre darauf rief das IfS seine Monatszeitschrift *Sezession* ins Leben. Den Verlag *Antaios* gründete der Leutnant der Reserve Götz Kubitschek ebenfalls im Jahr 2000. 2004 erschien die erste Ausgabe der *Blauen Narzisse*, nach eigenen Angaben eine Zeitung für Schüler und Studenten (sic), die von Felix Menzel gegründet wurde. Seit 1998 existiert mit *eigentümlich frei* eine von André Lichtschlag gegründete libertäre Zeitschrift samt zugehörigem Blog. Hierbei handelt es sich nur um eine Auswahl der bekanntesten und wichtigsten neurechten Neugründungen. Sie bestehen alle nach wie vor und zählen immer noch zu den bedeutendsten neurechten Institutionen im deutschsprachigen Raum.

Eine Erklärung für diese Drangphase bieten die Terroranschläge des 11. September 2001, zumindest für jene in der Folge entstandenen Medien und Organisationen. Bereits kurz nach den Anschlägen stellten Siegfried Jäger und Jobst Paul folgende These auf: »Insofern sind die Reaktionen auf den Terror in den USA auch dazu geeignet, rechtsextremen Bestrebungen den Boden zu bereiten und insgesamt völkisch-nationalistisches Denken noch weiter salonfähig werden zu lassen.« Für die Neue Rechte waren der 11. September und die damit einhergehenden Forderungen nach Vergeltung sowie die Verteidigung des Westens und seines Lebensstils ideale Rahmenbedingungen, um eine neue Diskursoffensive zu starten. Es war also eine Gelegenheit, auf die man gewartet hatte.

Bereits vorhandene antimuslimische Ressentiments in der Gesellschaft konnten nun nicht mehr nur mit Verweis auf Huntingtons postulierten *Clash of Civilizations,* sondern mit Hilfe des 11. September gerechtfertigt werden. Im Sinne Carl Schmitts[10] wurde nun der Kampf gegen den Feind im Inneren und Äußeren aufgenommen. Hinzu kam, dass Protagonisten wie Götz Kubitschek schon vor den Anschlägen bewusst war, dass die vorhandenen Strukturen und strategischen Mittel der Neuen Rechten unzureichend waren. Daher wollten er und andere neben einer personellen Erneuerung und einer Verjüngung der Neuen Rechten auch eine strategische und strukturelle Modernisierung. Zu diesem Zwecke ging, wie Kubitschek selbst beschreibt, der Blick nach links. Man holte sich Anregungen bei Aktionsformen der Linken, um sie in der Folge für die eigenen Ziele anzuwenden. Dafür gründete Kubitschek die Aktionsgruppe *Konservativ Subversive Aktion* (KSA), die in den Jahren 2008 und 2009 fünf Aktionen durchführte, die die Gruppe dann auf einer eigens dazu eingerichteten Website dokumentierte. Mit den Aktionen verfolgten Kubitschek und die anderen Mitglieder der KSA die Absicht, ihre politischen Gegner_innen in Unruhe zu versetzen, neue Aktivist_innen zu rekrutieren, der Neuen Rechten ein Moment der Selbstermächtigung zu eröffnen und Manifestationen des »politischen Existenzialismus«, das heißt Zeugnisse rechten Widerstands, zu hinterlassen. Trotz der geringen Resonanz in der Öffentlichkeit und der neurechten Szene auf die Aktionen kann die KSA als eines der Vorbilder beispielsweise der neurechten Identitären Bewegung gelten. Die Neue Rechte hatte sich mit der KSA erstmals auf die Straße gewagt.

Wie schon in den 1960er Jahren mit der Gründung der Nouvelle Droite agierte die französische Neue Rechte als Avantgarde der europäischen Szene bei der Gründung der *Identitären Bewegung* im Herbst 2012. Aus der Jugendorganisation *Géné-*

---

[10] Carl Schmitt (1888-1985) definiert den Feind nicht normativ, sondern existenzialistisch. Der Feind ist einfach der Feind und es liegt am Staat, ihn zu erkennen und zu definieren. Diese Unterscheidung zu treffen und den Feind zu benennen, sieht Schmitt als die wichtigste Aufgabe des Staates an, ohne die er nicht lebensfähig ist.

ration *Identitaire* (GI) der 2003 gegründeten rechtsextremen Partei *Bloc Identitaire* (BI) entstand die mittlerweile europaweit bestehende *Identitäre Bewegung*. Ausgangspunkt war die kurzzeitige Besetzung des Daches einer sich im Bau befindenden Moschee in Poitiers. Auf dem Dach präsentierten Aktivist_innen ein Banner mit der Zahl 732[11] und dem Logo der *Identitären Bewegung*, dem Lambda-Symbol. Das Video der Aktion verbreitete sich rasch und führte, neben dem Video *Déclaration de Guerre* (Kriegserklärung), zum Entstehen identitärer Gruppierungen in vielen Ländern Europas. Das für die Neue Rechte Besondere an der *Identitären Bewegung* sind neben dem erwähnten Aktionismus Jugendlichkeit, Corporate Identity und populärkulturelle Bezüge. Bis auf Versuche wie die KSA hatte die Neue Rechte in ihren Zentren Frankreich und Deutschland, aber auch im Rest Europas keine (aktionistische) Jugendorganisation. Neurechte Metapolitik verließ mit der *Identitären Bewegung* erstmals auf breiter Ebene die Zeitschriften, Bibliotheken und Institute und begab sich unter anderem in Form von Störaktionen in die Räume der Gegner_innen. In sozialen Medien wie Facebook kämpfen Identitäre mit dem Verbreiten ihrer Videos und Artikel sowie neurechter Texte um kulturelle Hegemonie, also Vorherrschaft. An Schulen, Universitäten und Lehranstalten verteilen sie Flyer und Sticker und werben um Aktivist_innen. Stammtische, Wanderausflüge und Filmabende ermöglichen ungezwungenes Kennenlernen der Aktivist_innen, die vorgeben, »weder links noch rechts« zu sein. Dabei bieten die Identitären ideologisch nichts Neues und propagieren den gleichen als Ethnopluralismus kaschierten Rassismus, den die Neue Rechte seit Jahrzehnten vertritt.

Trotz inszenierter Distanz zum Rechtsextremismus bleiben die Identitären nicht nur den Ideen, sondern teilweise auch den personellen Strukturen der Szene verhaftet. In Deutschland kommen einige Funktionäre aus den Pro-Bewegungen, aus dem

---

[11] In der Schlacht von Tours und Poitiers im Oktober 732 besiegten die Franken unter dem Kommando von Karl Martell die nach Gallien vorgestoßenen muslimischen Araber.

deutschen Ableger der *English Defence League*, aus dem NPD-Umfeld oder den neonazistischen Kameradschaften.

Neurechte Netzwerke und Organe

Zu Beginn dieses Kapitels wurden einige um die Jahrtausendwende gegründete neurechte Institute, Medien, Blogs und sonstige Phänomene erwähnt. Im Folgenden soll auf einige von diesen und weitere bedeutende neurechte Einrichtungen in Deutschland eingegangen werden.

Die Neue Rechte ist aufs Engste mit der Wochenzeitung *Junge Freiheit* verbunden. Bereits seit Ende der 1980er Jahre gibt Dieter Stein das auflagenstärkste Organ der deutschen Neuen Rechten heraus. Besonders enge Zusammenarbeit gab es von Beginn an zwischen der *Jungen Freiheit*, der Deutschen Burschenschaft und der Deutschen Gildenschaft. Die Deutsche Gildenschaft ist, ähnlich wie die Burschenschaften, eine akademische Korporation, jedoch noch elitärer ausgerichtet. Sie agiert in einer Grauzone zwischen Alter und Neuer Rechter. Dass diese Nähe zur Deutschen Gildenschaft kein Zufall ist, zeigt ein Blick auf die Zusammensetzung der Redaktion im Jahr 1994, als mindestens vier von zehn Redaktionsmitgliedern, einschließlich Chefredakteur Dieter Stein, Gildenschafter waren. Eines der Hauptziele der *Jungen Freiheit* sieht der Politikwissenschaftler Armin Pfahl-Traughber darin, die Konservative Revolution und neurechte Themen wieder salonfähig zu machen. Zu diesem Zwecke lädt die Zeitung Gäste aus dem konservativen und liberalen Bereich auf Veranstaltungen ein oder führt Interviews mit ihnen. Die *Junge Freiheit* wendet diese Strategie erfolgreich bei ihren Kampagnen und Petitionen an, wie zum Beispiel bei jener für Pressefreiheit 1994.[12] Auch Bestseller-Autoren wie Frederick Forsyth helfen der Zeitung in ihrem Kampf um Salonfähigkeit und Hegemonie. Forsyth lässt sich auch nicht davon abschrecken, dass die *Junge Freiheit* lange Zeit vom nordrhein-westfälischen Verfassungsschutz

---

[12] Damals wurde ein Brandanschlag auf die Druckerei der *Jungen Freiheit* verübt. Politiker wie Daniel Cohn-Bendit und Peter Gauweiler solidarisierten sich und erhoben öffentlich ihre Stimme für die rechtsextreme Wochenzeitung.

beobachtet wurde. Unterstützung erhält die Zeitung auch von den IfS-Begründern Karlheinz Weißmann und Götz Kubitschek, selbst wenn das Verhältnis, gerade in Bezug auf Kubitschek, nicht immer konfliktfrei ist. Jedoch sind sowohl die *Junge Freiheit* für das IfS als auch umgekehrt Kubitschek und Weißmann für die Neue Rechte zu wichtig, als dass man nicht weiter zusammenarbeiten würde. Das zeigt sich auch in der FKBF, bei deren Stiftungsrat Dieter Stein seit 2007 den Vorsitz führt. Seit der Eröffnung der *Bibliothek des Konservatismus* durch die FKBF am 23. November 2012 in Berlin verfügt die Neue Rechte über ein Zentrum, in dem sie regelmäßig Veranstaltungen abhalten kann. An den Gästen lässt sich das Agieren der Neuen Rechten erkennen: Neben altbekannten neurechten Akteuren wie Karlheinz Weißmann finden sich auch christlich-fundamentalistische Abtreibungsgegner_innen des *Marsch für das Leben* ein, zu denen auch CDU-Mitglieder der Initiative *Christdemokraten für das Leben* sowie der CDU-Bundestagsabgeordnete Thomas Dörflinger zählen. Die CDU ist auch in Person von Wolfgang Bosbach, Vorsitzender des Innenausschusses des Deutschen Bundestages, gern zugegen. Bosbach gehört dem so genannten Berliner Kreis an, einem konservativen Zusammenschluss von CDU-Politiker_innen, zu dem auch Erika Steinbach, bis November 2014 Präsidentin des *Bundes der Vertriebenen*, zählt. Der Berliner Kreis hat ideologisch viele Überschneidungen mit neurechten Medien wie der *Jungen Freiheit*, wie ein Blick in das Manifest zeigt. In der so genannten Standortbestimmung werden Frauenquoten und Mindestlöhne abgelehnt, eine Verankerung der deutschen Sprache im Grundgesetz gefordert sowie die gezielte Förderung von (heterosexuellen) Familien befürwortet. Zudem sieht der Berliner Kreis »die christlich-abendländische Kulturtradition, die Liebe zum eigenen Land, die Unantastbarkeit der Menschenwürde sowie Ehe und Familie« als deutsche Identität.

In der metapolitisch orientierten Neuen Rechten ist das IfS als Think Tank maßgebend. Neben der Herausgabe der Zeitschrift *Sezession* sieht das IfS in der Bildung neurechter Nachwuchspublizist_innen seine wesentlichen Ziele. Die Aufgabe ideologischer Schulung übernehmen altbekannte Protagonist_innen: Neben den Gründern Weißmann und Kubitschek sind das Kubitscheks Frau Ellen Kositza (*Sezession*), Baal Müller (*Junge Freiheit*, *Sezession*), Dieter Stein (*Junge Freiheit*), Manuel Ochsenreiter (*ZUERST!*), Günther Deschner (ehemals *ZUERST!*), Lothar Höbelt (Wiener Universitätsprofessor und FPÖ-naher Historiker), Martin Lichtmesz (*Sezession*) und Felix Menzel (*Blaue Narzisse*). Inhaltlich decken sich die Themen der einzelnen Akademien mit Ausgaben der *Sezession*, die das wichtigste Medium des IfS ist. Sie erscheint sechs Mal im Jahr und hat als Theorieorgan die Nachfolge von *Criticón* angetreten. Neben der Druckausgabe gibt es seit 2009 auch einen Internet-Auftritt, auf dem viele Artikel bis hin zu kompletten älteren Ausgaben nachzulesen sind. Die Redaktion wird aus Kubitschek, dem Verleger Wolfgang Dvorak-Stocker des gleichnamigen Verlags, Ellen Kositza sowie Erik Lehnert, Geschäftsführer des IfS, gestellt. Zu Karlheinz Weißmann ist man mittlerweile auf Distanz gegangen, da er zu große Sympathien für die AfD und die sie unterstützende Blattlinie der *Jungen Freiheit* hegt. Die *Sezession* ist Inbegriff des metapolitischen Ansatzes der Neuen Rechten. Mit Martin Lichtmesz und insbesondere Götz Kubitschek verfügt sie nach wie vor über zwei Autoren, die zu den wichtigsten Vernetzungspersonen in Bezug auf die Identitären[13] beziehungsweise im Falle Kubitscheks auf die Neue Rechte im ganzen deutschsprachigen Raum und Europa zählen. Kubitschek hat auch keine Probleme damit, mit bekannten Neonazis aufzutreten, wie das Lesertreffen des rechtsextremen Verlags *Lesen & Schenken* vom 22. bis 24. März 2013 im sächsischen Oberwiesenthal zeigt. Dort war neben Kubitschek auch der bekannteste Neonazi-Liedermacher Deutschlands, Frank Rennicke, anwesend. Als weitere Redner traten der FPÖ-Politiker Hans-Jörg Jenewein, die NPD-Kader Ulrich Pätzold und Hans Püschel sowie Wilhelm Hankel von der AfD auf.

---

[13] Lichtmesz, der eigentlich Semlitsch heißt, lebt in Wien und begleitet auch in der Sezession äußerst wohlwollend die Aktivitäten der österreichischen Identitären.

Gemeinsam mit Felix Menzel, Gründer der Zeitschrift *Blaue Narzisse*, ist es Kubitschek 2012 gelungen, die erste neurechte Messe im deutschsprachigen Raum ins Leben zu rufen. Die *zwischentag* genannte Veranstaltung fand bislang drei Mal statt. Auf der Messe kann von der Neuauflage der Werke der Konservativen Revolution bis zum Merchandise der *Identitären Bewegung* alles erstanden werden, was das rechte Spektrum hergibt. Die Messe dient jedoch vor allem der Vernetzung. Nachdem antifaschistische Proteste das Stattfinden des *zwischentages* in Düsseldorf 2014 verhinderten, musste kurzfristig umdisponiert werden. Schließlich fand die Messe ersatzweise in den Räumlichkeiten der rechtsextremen Alten Breslauer Burschenschaft der Raczeks in Bonn[14] statt. Felix Menzel wird von Kubitschek weiter als Nachfolger aufgebaut und darf mittlerweile den *zwischentag* allein organisieren. Sein eigenes Projekt, die Zeitschrift und Internet-Seite *Blaue Narzisse*, hat in den letzten Jahren einen Zuwachs an Bekanntheit erfahren. Dabei steht das Projekt sinnbildlich für eine neue, jüngere Generation der Neuen Rechten, die unverbrauchter ist als der staatstragende Gestus der *Jungen Freiheit* und des FKBF. Unter anderem mit Hilfe von Literaturwettbewerben versucht die *Blaue Narzisse*, ihren Teil zum neurechten Kulturkampf beizutragen. Die Texte sind kürzer und weniger dicht als jene der großen Schwester *Sezession*. Das liegt daran, dass es sich bei der Redaktion um unbezahlte Freiwilligenarbeit handelt, mit Ausnahme einer Halbtagsstelle. Die schwierigen Rahmenbedingungen hindern Menzel jedoch nicht daran, weiterhin ambitionierte Projekte zu verfolgen. Im Juli 2013 eröffnete er in Dresden das *Zentrum für Jugend, Identität und Kultur*. Die Räume werden als Redaktionsbüros und Orte für Seminare genutzt. Letztere sind vor allem für Studierende gedacht. In dieser Hinsicht bietet die Blaue Narzisse eine Art Alternativangebot für die Akademien des IfS mit größerem praktischen Schwerpunkt. Wie groß der Zuspruch ist, ist bislang

---

[14] Die Raczeks vertreten allerdings nicht nur den bei Burschenschaften üblichen völkischen Nationalismus. Insgesamt acht Verbindungsmitglieder wurden verdächtigt, Mitglieder des neonazistischen Aktionsbüros Mittelrhein zu sein, das als kriminelle Vereinigung eingestuft wurde.

unklar. Für die Kostendeckung ist die *Blaue Narzisse* auf Spenden angewiesen. Ob sich das Projekt etablieren kann und der Traum von einer Entwicklung ähnlich der neofaschistischen Bewegung in Italien *CasaPound*[15] auch nur ansatzweise Realität wird, ist höchst fraglich.

Weniger auf Jugend und mehr auf eine Erweiterung des Sagbaren setzt der ehemalige *Junge Freiheit*-Redakteur und Burschenschafter Manuel Ochsenreiter mit der Monatszeitschrift *ZUERST!* Sie entstand 2009 unter der Regie von Günter Deschner, der ebenfalls zuvor für die *Junge Freiheit* tätig war. Ziel des Magazins ist es, der rechtsextremen Zeitschrift *Nation und Europa* nachzufolgen, wobei man anstrebt, ein breiteres Publikum zu gewinnen. Strategisch haben Deschner und Ochsenreiter einige Ansätze von ihrer Erfahrung bei der *Jungen Freiheit* übernommen. Sie bemühen sich um ein bürgerliches Image und legen Wert darauf, Interviewpartner_innen jenseits der Rechten im Heft zu haben. Volker Weiß bestätigt diese inhaltliche und strategische Nähe der beiden Medien. Allerdings schätzt er *ZUERST!* im Vergleich zur *Jungen Freiheit* als »journalistisch krawallbereiter« ein. Zugleich will die Zeitschrift jedoch die alten Stammleser_innen halten, was etwa ein Nachruf auf den Kriegsverbrecher Erich Priebke zeigt. Ein derart positiver Bezug auf einen Protagonisten des Nationalsozialismus würde sich in der *Jungen Freiheit* kaum finden und würde wohl auch bei vielen Leser_innen auf Unverständnis stoßen. Ähnlich der *Jungen Freiheit* sieht Weiß auch bei *ZUERST!* das Ziel, sich als erfolgreiche Sammlung rechts der CDU zu etablieren. Wie Kubitschek ist Ochsenreiter bestrebt, die europäische und darüber hinausgehende internationale Vernetzung der Neuen Rechten auszubauen. Im Sommer 2013 referierte er bei der fünften Auflage des neurechten Seminars *Identitär Idé* in Stockholm gemeinsam mit unter anderem Philippe Vardon (Begründer der *Génération Identitaire*) und Markus Willinger (Autor des Buches *Die identitäre Generation*). Ochsenreiters Blog gibt Aufschluss über seine Arbeit als Journalist mit dem Schwerpunkt Naher Osten. Hier veröffentlicht er aber auch In-

---

[15] Siehe das Kapitel *Die Neue Rechte in Europa*.

terviews mit wichtigen Protagonisten der extremen Rechten wie Alexander Dugin (Theoretiker des Neo-Eurasismus) oder Johann Gudenus (Burschenschafter und stellvertretender Bundespartei- obmann der FPÖ). Die guten Kontakte zur FPÖ und die geteilte burschenschaftliche Identität resultierten in der November-Aus- gabe 2013 auch in einer ganzseitigen Werbeanzeige des *Wiener Akademikerballs*[16] auf der Rückseite von *ZUERST!*

Rassistische Klischees werden auch in dem Blog *Politically In- correct* (PI) gepflegt. Der Schwerpunkt liegt hier auf antimusli- mischem Rassismus, aber auch homophobe, antifeministische und Ressentiments gegenüber Linken werden verbreitet. Diese Feindbilder werden von den Macher_innen der Seite unter dem Begriff der politischen Korrektheit summiert: »Deshalb haben wir auf diesen Seiten vor allem ein Thema – die Beeinflussung der Bevölkerung im Sinne von politischer Korrektheit durch Me- dien und Politik.« 2004 von Stefan Herre gegründet, hat sich der Blog mit mehreren zehntausend Klicks täglich als wichtigstes Or- gan der antimuslimischen Rassist_innen etabliert. Zugleich gibt sich PI pro-israelisch und pro-amerikanisch, wodurch man sich von Teilen des Rechtsextremismus abzugrenzen sucht. Die große Verbreitung von antimuslimischem Rassismus in der deutschen Gesellschaft führt dazu, dass PI Unterstützung von Politiker_in- nen, aber auch ganzen Teilorganisationen von CDU (Senioren- Union) und FDP (Stresemann-Club) erhält. Interessanterweise bemühte sich PI mit der Zeit um einen aktivistischen Teil in Form von PI-Gruppen. Über 50 PI-Gruppen gründeten sich in deut- schen, österreichischen und Schweizer Städten, die mit Störak- tionen, Hass-Mails und Verunglimpfung Andersdenkender in Online-Medien die Öffentlichkeit in ihrem Sinne beeinflussen wollen. Mittlerweile finden sich auch PI-Banner auf den Pegida- Demonstrationen in Dresden.

Weniger offen aggressiv gibt sich *eigentümlich frei*, ein Blog und eine libertäre Zeitschrift. Inhaltliche Schwerpunkte sind Frei- heit und Eigentum, wobei das libertäre Verständnis von Freiheit,

---

[16] Früher *WKR-Ball,* der Ball der deutschnationalen Burschenschaften und eines der wichtigsten rechtsextremen Vernetzungstreffen Europas.

welches Herausgeber André Lichtschlag vertritt, bei Weitem kein demokratisches ist. So fordert dieser den Entzug des Wahlrechts für »Unproduktive«, worunter Lichtschlag Beamte, Arbeitslose, Rentner_innen und Politiker_innen versteht. Unter den Autor_innen von *eigentümlich frei* finden sich bekannte Figuren der Neuen Rechten wie Felix Menzel, Ellen Kositza, Akif Pirinçci oder Caspar Freiherr von Schrenck-Notzing. Aber auch der damalige NPD-Vorsitzende Udo Voigt bekam gleich zweimal die Gelegenheit, seine Weltanschauung darzulegen. Aufgrund der Interviews und Gastbeiträge kann *eigentümlich frei* attestiert werden, ein Versuch zu sein, die libertäre Idee mit neurechter Ideologie zu verknüpfen.

Es gibt noch weitere Beispiele für neurechte Think Tanks, Zeitungen oder Institute, die hier aus Platzgründen nicht alle erwähnt werden können. Festzuhalten bleibt, dass die Neue Rechte Personen, Medien, Institutionen und Netzwerke aus dem konservativen Spektrum wie das CDU-nahe *Studienzentrum Weikersheim*, aber auch Zeitschriften wie *ZUERST!* aus dem rechtsextremen Spektrum umfasst. Die vom Verfassungsschutz benutzte Extremismustheorie kann an diesen Verhältnissen nur scheitern und muss zwangsläufig neurechte Phänomene unterschlagen, da diese nicht offen genug die *Freiheitlich Demokratische Grundordnung* der BRD angreifen. Diskurse der Ungleichheit wie Rassismus, Antifeminismus und Homophobie, die durch die Neue Rechte salonfähig gemacht werden, spielen für den Verfassungsschutz in dieser Hinsicht keine Rolle. Dabei ist genau das die Gefahr, die von der Neuen Rechten ausgeht.

Wer ist die Neue Rechte in Österreich?

Die Neue Rechte in Österreich ist nicht so ausdifferenziert wie jene in Deutschland. Das liegt daran, dass die FPÖ als Partei eine so dominante Position im österreichischen Rechtsextremismus einnimmt, dass sich fernab von ihr nur sehr wenig entwickeln konnte. Insofern ist Österreich ein Sonderfall der Neuen Rechten, da hier eine Wahlpartei maßgebend ist, obwohl das dem Grundprinzip der Neuen Rechten zuwiderläuft. Die FPÖ umspannt sowohl die Alte als auch die Neue Rechte. Alte Versatzstücke sind der traditionelle Deutschnationalismus und der Nationalismus. Neu ist allerdings, dass sie taktisch immer mehr auf einen Österreichnationalismus pocht und sich gemäßigter gibt. Zusätzlich hat sich die rechtsextreme Szene in Österreich in den letzten Jahren gewandelt. Über den Einfluss von Deutschland, Frankreich und Italien gibt es vermehrt originär neurechte Projekte. Dazu gehören mehrere Blogs, aber auch neue Organisationen wie die Identitären. Wichtig sind auch einzelne (meist) männliche Meinungsmacher in den etablierten Medien, die rassistische und antilinke Stimmungen aufnehmen und befeuern. Als besonderer Glücksfall für die intellektuelle Rechte hat sich ironischerweise der Schlagersänger Andreas Gabalier erwiesen, der sexistischen und antifeministischen Diskursen zu Hochkonjunktur verholfen hat. Im Folgenden sollen diese unterschiedlichen Phänomene kurz dargestellt werden.

Die organisierte Neue Rechte

Die Identitären bilden eine neurechte Jugendorganisation und sind damit ein Novum in der Neuen Rechten und für Österreich. Die Neue Rechte war bis etwa Anfang der 2000er Jahre in losen Zirkeln und um die Redaktion der Wochenzeitschrift *Junge Freiheit* organisiert. In Österreich existierte so etwas wie eine Neue Rechte nur mit großen Abstrichen und vor allem im Zusammenhang mit der FPÖ. Dazu zählen die Zeitschriftenprojekte *Zur Zeit*, die sich aus der Österreich-Beilage der *Jungen Freiheit* entwickelte, und die *Aula*, die Zeitschrift der *Freiheitlichen Akademikerverbände*. Beide stehen aber in einem deutlichen Näheverhältnis zur FPÖ und sind dementsprechend keine reinen neurechten Zeitungen, sondern offen rechtsextrem. Das verbindende Glied in all diesen Projekten, von der FPÖ über *Zur Zeit*, der *Aula* bis zu den Identitären sind die deutschnationalen, schlagenden Burschenschaften. Diese spielen eine wichtige Rolle in der Intellektualisierung des Rechtsextremismus und stehen damit der Neuen Rechten sehr nah.

Die Identitären bilden auch für den österreichischen Rechtsextremismus eine Neuerung, da sie ein neurechtes Betätigungsfeld eröffnet haben, das zuvor brach lag.

Erstmals traten die Identitären 2012 in Erscheinung. Bald bildeten sich in den Universitätsstädten regionale Ableger, zwei sehr aktive davon in Wien. Durch den Zusammenschluss verschiedener Gruppen bildete sich 2013 die *Identitäre Bewegung Österreich* heraus. Seit ihrer Gründung machten die Identitären vor allem mit geschickt inszenierten und medial wirksamen Aktionen auf sich aufmerksam, die vornehmlich antimuslimischen Rassismus und Hetze gegen Flüchtlinge und Linke bedienten. Dazu gehörte im September 2014 die Inszenierung einer Hinrichtung durch den *Islamischen Staat* am Wiener Stephansplatz. Dabei wurden Parolen gegen Einwanderung und Flüchtlinge gerufen, sodass bewusst ein Konnex zwischen Terror und Migrant_innen hergestellt wurde. Vor allem aber mit ihrer Demonstration in Wien am 17. Mai 2014 gerieten die Identitären in den Blickpunkt der Öffentlichkeit. Mit Parolen wie »Pro border, pro nation – stop immigration« oder »Europa, Jugend, Reconquista« zogen sie durch die Wiener Innenstadt. Mit dabei waren auch andere europäische Gruppen, wie der neofaschistische *Blocco Studentesco*, die Schülerorganisation von *CasaPound*. Die Identitären bilden aufgrund der Häufigkeit ihrer Aktionen und der Einschüchterungsversuche gegen Linke eine neue Qualität im Aktionismus der Neuen Rechten in Österreich.

(Online-)Vernetzungen

Die neue intellektuelle Rechte vernetzt sich vor allem im Internet. Das zeigen nicht nur die Identitären, sondern auch andere Blogs. Dies erleichtert auch die Vernetzung mit anderen (deutschsprachigen) Seiten, die nicht aus Österreich kommen. Dazu zählen die aufgelisteten Seiten aus Deutschland, wo die Szene ungleich größer ist.

Der größte originär neurechte Blog ist jener von Andreas Unterberger mit dem Namen *Andreas Unterbergers (nicht ganz unpolitisches) Tagebuch*. Unterberger repräsentiert das, was im engeren Sinne unter Neuer Rechte zu verstehen ist. Als ehemaliger Chefredakteur der konservativen Tageszeitung der *Presse* sowie der offiziellen Tageszeitung der Republik Österreich, der *Wiener Zeitung*, gehört er zur ökonomischen, sozialen und kulturellen Elite des Landes, ohne direkt in Parteienpolitik involviert zu sein. Aus dieser Position heraus bedient er das ganze Repertoire an Diskursen der Ungleichheit. Dazu zählen vor allem antimuslimischer Rassismus, Antifeminismus, Misogynie[17] und Sexismus, Hass auf Arbeiter_innen (z.B. arme Menschen) und vor allem Linke. Beliebte Feindbilder sind zudem Flüchtlinge sowie Lesben, Schwule und transsexuelle Menschen. Diese Diskurse werden gerne in verschiedenen Kombinationen bedient. Meistens sind die Linken schuld an allem Übel, das Unterberger in der Welt ausmacht. Unterberger schreibt aber nicht alleine, sondern hat eine Reihe von mehr oder weniger regelmäßigen Gastkommentator_innen. Dazu zählt etwa Werner Reichel, der auch schon für die Zeitung des *Österreichischen Cartellverbands*, *Academia*, geschrieben hat und regelmäßig Beiträge für *eigentümlich frei* verfasst. Die *Academia* bewirbt wiederum in ihren Ausgaben *Unterbergers Tagebuch*. Gegenseitige Werbung, Referenzen und Verweise gelten für all diese Blogs. Die Betreiber_innen und Autor_innen stehen in konstantem Austausch miteinander und mit der gesamten neurechten Szene. So durfte etwa auch Alexander Schleyer, Mitglied der Identitären Bewegung Wien und selbst ernannter Dichter, in Unterbergers Tagebuch schreiben.

---

[17] Misogynie bedeutet Hass auf Frauen.

Auch Alexander Markovics, Obmann der *Identitären Bewegung Österreich*, hat einen Gastkommentar geschrieben, allerdings nicht in dieser Funktion, sondern als Mitglied der vom *Dokumentationsarchiv Österreichischer Widerstand* als rechtsextrem eingestuften Wiener Burschenschaft *Olympia*. Der Blog hat nach Eigenangaben für das Jahr 2013 780 zahlende Abonnent_innen gehabt, die bereit waren, 10€ pro Monat (Studierende 5€) zu zahlen. Zudem gibt es eine sehr aktive Community, die Kommentare unter den einzelnen Artikeln verfassen und darüber diskutieren darf. Diese Kommentare zielen in dieselbe Richtung wie die Artikel, nur dass sie im Ton noch aggressiver und offener sind. Unterberger hat mit seinem Blog eine zentrale Schnittstelle für die Neue Rechte geschaffen. Die Seite ist aktuell, wird von einem professionellen und bezahlten Content-Team gepflegt und verweist gleichzeitig durch Autor_innenüberschneidungen auf alle anderen wichtigen Seiten für die Neue Rechte. Hierzu zählt auch *unzensuriert.at*. Diese Seite ist als Nachrichtenportal aufgemacht und wird von Mitarbeitern des ehemaligen dritten Nationalratspräsidenten und FPÖ-Mitglieds Martin Graf betrieben. Das Portal hat eine Schnittmenge mit neurechten Diskursen und Personen, nicht zuletzt Martin Lichtmesz, Autor der *Sezession,* der regelmäßig Gastkommentare schreibt. Das Portal dient gleichzeitig zur Parteiwerbung für die FPÖ. So werden zum Beispiel Videos der Sommertour der FPÖ online gestellt oder Plenumsberichte aus dem Parlament verfasst, die die FPÖ in einem positiven Licht erscheinen lassen. *Unzensuriert.at* ist damit ein Bindeglied zwischen FPÖ und der Neuen Rechten.

Darüber hinaus gibt es noch eine breitere rechtsextreme Blogger_innen-Szene in Österreich. Dazu zählen Blogs wie *erstaunlich.at*, der von Erich Reder, der aus dem Rotlichtmilieu kommt, betrieben wird, oder *querschuesse.at* von Georg Zakrajsek, Generalsekretär der *Interessensgemeinschaft für ein liberales Waffenrecht Österreich*. Diese gehören aber nicht im engeren Sinne zur Neuen Rechten, da ihren Tätigkeiten keine gezielt neurechten Strategien (wie etwa Metapolitik) zugrunde liegen. Eine Vernetzung besteht aber sowohl in die FPÖ als auch in die klassische Neue Rechte. Außerhalb des Internets bildet die Schlösselgasse 11 in Wien eine Heimstätte für die Neue Rechte und andere rechtsextreme Blogs und Organisationen. Sie ist der Sitz von *unzensuriert.at*, dient den Identitären als Veranstaltungsstätte und beherbergt zudem die ehemalige ÖVP-Teilorganisation *Wiener Akademikerbund*. Auch die CV-Verbindung *Katholisch-österreichische Landsmannschaft Josephina* ist in der Schlösselgasse 11 beheimatet.

Multiplikator_innen neurechter Diskurse

Neben der Neuen Rechten im klassischen Sinne gibt es in Österreich aber auch Personen, die Diskurse der Ungleichheit erst richtig populär machen. Das sind Multiplikator_innen, die für die Neue Rechte unerlässlich im Kampf um Hegemonie sind. Für Deutschland sind das Personen wie der Ex-Finanzsenator von Berlin Thilo Sarrazin, die ehemalige Nachrichtenmoderatorin Eva Herman oder der Sänger Xavier Naidoo, die unterschiedliche rassistische, homophobe, antifeministische und verschwörungstheoretische Diskurse befeuern. Dadurch werden die Ideen der Neuen Rechten salonfähig gemacht, ohne dass sie selbst in den Blickpunkt der Öffentlichkeit geraten. Hier zeigt sich, dass es keine Trennlinie zwischen akzeptierten und etablierten Personen einer ökonomischen, kulturellen oder sozialen Elite und Rechtsextremen gibt. Die Ideologie dahinter ändert sich nicht, wird aber akzeptabler, wenn sie von bekannten Personen vorgetragen wird.

Für Österreich erreicht das der Schlagersänger Andreas Gabalier. Er weigerte sich, die österreichische Bundeshymne in ihrer gesetzesmäßigen Form zu singen und besang statt »der großen Töchter und Söhne« lediglich die Söhne bei einem Formel 1-Rennen. Daraufhin schaltete sich Frauenministerin Gabriele Heinisch-Hosek ein und wies auf das Versäumnis hin, was zu einem misogynen und sexistischen Shitstorm von Gabalier-Fans auf Heinisch-Hoseks Facebook-Seite führte. Gabalier selbst gefiel sich in der Rolle des vermeintlichen Rebellen und stachelte seine Fans weiter an. Besonders bemerkenswert ist, dass er dabei rechtsextreme Diktionen wie »Gender-Wahnsinn« benutzte. Als Reaktion auf Gabaliers Verhalten veröffentlichten 800 bekannte

Persönlichkeiten einen offenen Brief, in dem sie ein Ende der sprachlichen Gleichstellung von Frauen forderten. Dieser Brief wurde in den Sprachblättern des Vereins Muttersprache zum ersten Mal veröffentlicht, der nachweislich enge Kontakte zu den rechtsextremen Landsmannschaften hat. Auch Identitäre fertigten Sujets mit Gabalier-Zitaten an. So konnten sie zeigen, wie vermeintlich akzeptiert ihre Positionen seien, indem sie auf eine unverdächtige, aber bekannte Person zurückgriffen.

Neben Antifeminismus bietet die Agitation gegen Linke und Muslime weitere Einfallstore für rechtsextreme Diskurse in eine vermeintliche Mitte der Gesellschaft. So nutzte die linksliberale Wochenzeitung *der Falter* den Akademikerball der deutschnationalen Burschenschaften und der FPÖ, eines der wichtigsten Vernetzungstreffen der extremen Rechten in Europa, um Stimmung gegen die linken Gegenproteste zu machen. Der angesehene Journalist Christian Ortner darf in der konservativen Tageszeitung *die Presse* einen offen rassistischen Kommentar schreiben, in welchem er alle Muslime für den Terror des *Islamischen Staates* verantwortlich macht. Diese Diskurse zeigen, wie verwaschen die Grenzen zwischen Schlagersuperstar, anerkannten Persönlichkeiten und der offen rechtsextremen Szene sind.

Die Neue Rechte in Europa

Es ist wichtig, sich der Situation im jeweiligen Land bewusst zu sein und die Differenzen klar zu machen. Dementsprechend schwierig ist es, ein Konzept wie das der Neuen Rechten in andere Länder zu exportieren. Rechtsintellektuelle Diskurse speisen sich aus der jeweiligen Geschichtsschreibung der Länder und den Erfahrungen mit faschistischen Tendenzen sowie der Positionierung zum deutschen Nationalsozialismus. Zudem spielt die spezifische Parteienlandschaft eine nicht zu unterschätzende Rolle für die Entstehung einer (semi-)autonomen Struktur. Am Beispiel Österreichs ist zu sehen, dass eine dominante rechtsextreme Partei wie die FPÖ der »metapolitischen« Strategie von Rechtsintellektuellen auch sehr wenig zuträglich sein kann.

Frankreich wird im Folgenden genauer beleuchtet, weil es das Ursprungsland des Konzepts der Neuen Rechten ist und es von dort tatsächlich nach Deutschland importiert wurde. Italien hat eine Sonderrolle, da es eine starke, aktivistische und moderne rechtsextreme Szene gibt, die sich allerdings auf den italienischen Faschismus und nicht auf die Konservative Revolution beruft, wenngleich es hier historisch sehr enge Kontakte gibt.

Frankreich

Nach 1945 war der Nationalsozialismus weitgehend diskreditiert. Durch eine Auffrischung des Vokabulars gelang es der Nouvelle Droite (dt.: Neue Rechte) in Frankreich, rechte Politik ab 1968 wieder salonfähig zu machen. So kam sie auch als Re-Import zu den deutschen Neuen Rechten. Chefideologe der Nouvelle Droite war und ist Alain de Benoist. *GRECE* wurde 1967/68 von ihm und anderen Studierenden aus dem Umfeld verschiedener rechtsextremer Studierendengruppen – der Fédération des étudiants nationalistes, der Europe-Action und dem Mouvement national du progrès – gegründet. *GRECE* wurde zur zentralen Organisation einer neuen Generation von Rechtsextremen, die sich von einer alten Rechten, die dem Vichy-Regime nachtrauerte, emanzipierten. Benoist suchte neue Strategien und eine neue inhaltliche Ausrichtung. Er rechnete öffentlich und über Publikationen mit dieser alten Rechten ab, die in seinen Augen alles falsch gemacht hatte und nicht mit der Zeit gegangen war. In diesem Befund hatte die Rechte in Frankreich zu Recht Misserfolg und linken Diskursen nichts entgegenzusetzen. Das wollte er mit *GRECE* ändern. *GRECE* will nicht zu Wahlen antreten oder sich mit Tagespolitik herumschlagen. Wichtiger sei es, rechte Diskurse und Konzepte zu entwickeln, die die Köpfe der Menschen erreichen. Mit dem Nachtrauern eines vergangenen Regimes komme man nicht weit, wie Benoist pragmatisch feststellte. Für seine Strategieentwicklung zog er ausgerechnet den marxistischen Theoretiker Antonio Gramsci heran, der im italienischen Faschismus als Antifaschist und Kommunist elf Jahre im Gefängnis saß. Gramsci schrieb in diesen Gefängnisjahren seine Theorie nieder, die besagt, dass in komplexen Gesellschaften mit einer ausgeprägten Zivilgesellschaft ein Putsch nicht ausreicht, um an die Macht zu kommen, sondern dass es darum geht, die Hegemonie zu erlangen. Dieses Konzept und wie es von der Nouvelle Droite (miss-)verstanden wird, wird im Kapitel *Wie ist die Neue Rechte* im Detail erklärt. Die wichtigste Neuerung ist, dass die Neue Rechte anstrebt, Diskurse zu bestimmen und eine Diskursverschiebung herbeizuführen. Dazu wollte die Neue Rechte traditionelle Intellektuelle in Künstler- und Zeitungskreisen beeinflussen bzw. diese Positionen selbst ausfüllen. Daneben war auch der Einfluss auf Politik und den »tiefen Staat« – also hohe Beamtenschaft, Justiz und Militär – von großer Bedeutung. Dazu wurden Suborganisationen gegründet, die bald ein Eigenleben entwickelten und sich über die Jahre immer mehr von *GRECE* entfernten. Am erfolgreichsten ist hier der sehr elitäre Uhrenklub, der *Club de l'Horloge*. Ziel des Clubs war und ist es, in die Kreise der hohen Beamtenschaft sowie der Eliteuniversitäten zu wirken, also die (zukünftige) Bürokratie im eigenen Sinne zu beeinflussen. Der *Club de l'Horloge* sieht im Gegensatz zu *GRECE* kein grundsätzliches Primat des Politischen vor der Wirtschaft, sondern gibt sich ausgesprochen prokapitalistisch. Einig ist man sich, was eine gemeinsame europäische Identität und Zivilisation angeht, die es zu erhalten gelte. Die prokapitalistische Haltung führt(e) immer wieder zu Spannungen mit Benoist und *GRECE*. Ende der 1970er Jahre gelang es namhaften Vertretern der Nouvelle Droite, wichtige Positionen bei etablierten Zeitungen zu erreichen. Die Wochenendbeilage des konservativen *Figaro* war in dieser Zeit fest in der Hand der Rechtsintellektuellen und blieb dies bis Anfang der 80er Jahre.

Mit dem Aufstieg der rechtsextremen Partei *Front National* in den 1980er Jahren änderten sich auch für die Nouvelle Droite die Bedingungen, unter denen sie agitieren konnte. Viele *GRECE*-Funktionär_innen wechselten zu dieser Partei, was für große Spannungen sorgte und sorgt. Benoist selbst blieb bei *GRECE* und erklärte ausführlich, wie wenig er von den Niederungen der Parteipolitik hielt. Auch auf der Diskursebene ist der Front National zum wichtigsten Bezugspunkt für die gesamte rechtsextreme Szene Frankreichs aufgestiegen. Die Führungsebene duldet wenig andere Akteur_innen neben der eigenen Partei, was auch die viel kleinere Partei *Bloc Identitaire* zur Kenntnis nehmen musste, die in einem sehr schlechten Einvernehmen mit dem *Front National* steht. Der *Bloc Identitaire* spielt für die aktuelle rechtsintellektuelle Szene keine unbedeutende Rolle. Wenngleich er als Wahlpartei nur regional erfolgreich und national bedeutungslos ist, stellt seine Jugendorganisation eine der wichtigsten Neuerungsschritte für die Neue Rechte dar. Die Jugendorganisation mit dem Namen *Génération Identitaire* ist der Prototyp dessen, was aktuell unter der Bezeichnung *Identitäre Bewegung* vor allem in Frankreich, im deutschsprachigen Raum, aber auch in Tschechien Zulauf bekommt. Mit der bereits erwähnten Besetzung einer sich im Bau befindenden Moschee im Oktober 2012 lieferten Aktivist_innen der *Génération Identitaire* den Startschuss für diese Jugendbewegung der Neuen Rechten. Gleichzeitig wurde ein handwerklich hervorragend gemachtes Video mit dem pathetischen Titel »Kriegserklärung«, das eine Abrechnung der Identitären mit der 68er-Generation darstellt, in ganz Europa verbreitet. Geschickt werden reale Probleme wie Arbeitslosigkeit und Kriegstraumata junger Soldat_innen mit rassistischen Narrativen verwoben. Ab Oktober 2012 wurden in ganz Europa in Franchise-Manier identitäre Gruppierungen gegründet. Am erfolgreichsten gelang dies neben Frankreich im deutschsprachigen Raum sowie in Tschechien. Vorläufer dieses Konzepts einer jungen, aktivistischen Neuen Rechten gibt es ab Anfang der 2000er Jahre, mit der Identitären Bewegung hat sich dieses Konzept konsolidiert.

Neben *GRECE* und den aktuellen jungen Erscheinungen einer Neuen Rechten gibt es seit 1995 auch *Terre et peuple* (Erde und Volk), das von Pierre Vial und Guillaume Faye maßgeblich beeinflusst wurde. Beide stellen wichtige Bezugspunkte für die aktuelle junge Generation dar. *Terre et peuple* veranstalten neoheidnische Sonnenwendfeiern und stehen in der Tradition des NS-Ahnenerbes. Wichtiger Referenzpunkt ist die Schlacht von Poitiers und Tours im Jahr 732. Diese Organisation ist offen rassistisch und hat viele Anleihen einer klassischen biologistisch-rassistischen Alten Rechten.

Eine der erfolgreichsten und bekanntesten Figuren der Neuen Rechten ist aktuell Alain Soral, der ein großes Publikum mit seinen Youtube-Videos erreicht. Mit einfachen Mitteln, die ihm den Nimbus des Untergrunds geben, propagiert er seine rechtsextreme Weltsicht. Soral gründete zusammen mit Dieudonné M'bala M'bala die Organisation *Égalité et Réconciliation* (Gleichheit und Aussöhnung). Beide hatten eine Vergangenheit in der französischen Linken, bis sie sich ins rechtsintellektuelle und tief antisemitische Spektrum begaben und dort zu zentralen Figuren wurden. In langen Videomonologen prangert Soral alles an, was ihm ein Dorn im Auge ist – Feminismus, Linke, 68er usw. Dieudonné tritt als Comedian auf und feiert damit große Erfolge. Sein Programm hat oft offen antisemitische Bezugspunkte, so machte er sich über einen jüdischen Journalisten lustig und bedauerte, dass dieser nicht vergast worden sei. Bekannt ist Dieudonné auch für einen speziellen Gruß, die *Quenelle*, die von seinen Anhänger_innen, darunter der bekannte Fußballer Nicolas Anelka, verwendet wird. Soral und Dieudonné versuchten 2009, nach verschiedenen Annäherungen und Abwendungen zum/vom Front National, eine eigene Partei auf die Beine zu stellen, die den Namen *Liste Antisioniste* (Antizionistische Liste) trug.

Der Erfolg war mäßig, so konzentrieren sie sich aktuell weiter auf die Arbeit im vorpolitischen Raum.

Ein weiterer Durchbruch für die Neue Rechte sind die antifeministischen und homophoben Massendemonstrationen, die in Frankreich im Januar 2013 stattgefunden haben. Unter dem Motto *Manif pour tous* (dt.: Demo für alle) wurden Demonstrationen organisiert, die sich gegen die gleichgeschlechtliche Ehe, das Adoptionsrecht für Homosexuelle sowie das Recht auf Schwangerschaftsabbruch richteten. Allein mit der Namengebung wird gezeigt, dass Homosexuelle sowie Feministinnen nicht unter den »Alle«-Begriff fallen und dementsprechend als »abnormal« gelten. Eine der Organisator_innen, Béatrice Bourges (die im März 2013 den Führungszirkel verlassen musste), arbeitet ausgiebig an Kontakten in die deutschsprachige Neue Rechte, etwa mit Vorträgen bei der *Förderstiftung Konservative Bildung und Forschung* (FKBK), die in Berlin die *Bibliothek des Konservatismus* betreibt, wo auch CDUler_innen wie Wolfgang Bosbach gerne für Veranstaltungen zugegen sind. Als die Sängerin Conchita Wurst[18] im EU-Parlament auftrat, ließ Beatrix von Storch, Abgeordnete der *AfD*, aus Protest die Fahne von *Manif pour tous* aus dem Fenster ihres Büros hängen. Diese Beispiele zeigen, dass die Neue Rechte auch in Frankreich einen Aufschwung erlebt und mit *Manif pour tous* eine Bewegung entstanden ist, die die Themen der Neuen Rechten auf die Straße bringt.

Italien
Italien ist ein Sonderfall, da es dort keinen Rückbezug auf die Konservative Revolution gibt, sondern eine Kontinuität des italienischen Faschismus. Das heißt, die aktuelle intellektuelle Rechte muss keinen (vermeintlichen) Bruch mit dem faschistischen Regime, das an der Macht war, propagieren, um sich nicht zu diskreditieren. Es gibt eine offene und selbstbewusste Bezug-

---

[18] Conchita Wurst ist die Kunstfigur des Travestiekünstlers Thomas Neuwirth. Als Sängerin mit Bart wurde sie zur Zielscheibe transphober Attacken von konservativen und rechten Kreisen. Conchita Wurst gewann 2014 für Österreich den Eurovisions-Songcontest, worauf sie als Botschafterin der Toleranz ins EU-Parlament eingeladen wurde.

nahme auf Mussolini und die faschistische Partei, wobei der Bewegungsfaschismus und protofaschistische Projekte wie Gabriele D'Annunzio und seine Arditi und die Besetzung Fiumes oder der Futurismus die attraktiveren Vorbilder sind.

Den Prototypen für moderne, aktionistische Projekte des jungen Rechtsextremismus fernab von Parteien in ganz Europa stellt *CasaPound* dar. *CasaPound* ist ein neofaschistisches Projekt, das 2003 in Rom begründet wurde. Der Ausgangspunkt war eine Hausbesetzung in einem migrantisch geprägten Viertel. Faschistische Aktivist_innen besetzten ein leer stehendes Haus und protestierten gegen die hohen Mietpreise in der italienischen Hauptstadt, die sich keine »echten« italienischen Familien mehr leisten konnten. Die Besetzung wurde von den rechtsextremen Gruppen *Movimento Politico Occidentale*, *Meridiano Zero* und *Fiamma Tricolore* durchgeführt.

Das Haus, wie die neugegründete Organisation, wurde *CasaPound* getauft. Dies ist ein Verweis auf den amerikanischen Dichter Ezra Pound, der in den 1920er Jahren nach Italien kam und sich für den italienischen Faschismus begeisterte. Er propagierte ihn via Radio für ein englischsprachiges Publikum. Pound war Antisemit, der das Übel des Kapitalismus im Wucher und dem Zins sah. *CasaPound* vertreten somit eine offen völkische und antisemitische Kapitalismuskritik. Die Besetzung war erfolgreich und das Haus wurde zum Hauptquartier der Bewegung. Das Gebäude selbst wurde ihnen 2012 vom damaligen faschistischen Bürgermeister Roms, Manfredi Alemanno, überlassen. Verschiedene Zeitungen, wie die von Antonio Gramsci gegründete *l'Unitá*, berechneten, dass Alemanno *CasaPound* Geschenke und Zuwendungen im Wert von knapp 12 Millionen Euro darbrachte.

CasaPound wuchs über die Jahre enorm an, sowohl was die Organisation als auch was die Immobilien betrifft. Sie sind italienweit in 13 Provinzorganisationen und an 51 Standorten tätig. Laut *Vice magazine* gehören mindestens 15 Buchhandlungen, acht Kneipen, zwei Magazine, eine Online-Radio-Station, ein Web-TV-Programm sowie zwei periodisch erscheinende Magazine zu *CasaPound*. Hinzu kommen mehrere Unterorganisationen zu verschiedenen Sportarten, aber auch Umweltschutz, Zivilschutz oder eine eigene Frauenorganisation mit dem bezeichnenden Namen *Tempo di essere madri* (Zeit Mutter zu werden). In Rom zählen außerdem Tattoo-Shops, ein Theater, weitere Veranstaltungsgebäude sowie eine ehemalige U-Bahn-Station, die als Eventstätte fungiert, zur Subkultur, die *CasaPound* nach und nach aufbaut. Die wichtigste Suborganisation stellt der *Blocco Studentesco* dar, die Schüler_innenorganisation, die bei Schüler_innenvertetungswahlen 2008 28% der Stimmen holte.

Was *CasaPound* so attraktiv macht, ist das popkulturelle, junge und moderne Auftreten, das sich deutlich von allem bisher Dagewesenen abhebt. Zudem hat man sich von Anfang an bei linker Ästhetik, Strategie und Aktion bedient. Das zeigt allein die Häuserbesetzung und der Versuch, ein *centro sociale di destra*, also ein rechtes Sozialzentrum, aufzubauen. Mit der Hausband *ZetaZeroAlfa*, deren Frontsänger der *CasaPound*-Vorsitzende Gianluca Iannone ist, wird der Soundtrack zur rechten Gegenkultur geliefert. Dazu gibt es Theater, Demonstrationen, Sportmöglichkeiten, laufende Veranstaltungen und das Gefühl, Teil einer Jugendbewegung zu sein. Mit solchen Angeboten wurden Jahrzehnte zuvor linke Subkulturen in ganz Europa begründet. *CasaPound* übernimmt für den europäischen Rechtsextremismus eine wichtige Vernetzungsfunktion, da sie keine Berührungsängste in irgendein Lager haben. So ist die griechische Neonazi-Partei *Goldene Morgenröte* ein gern gesehener Gast im Hauptquartier von *CasaPound*. Der *Blocco Studentesco* reist zu Demonstrationen der Identitären in Wien genauso gerne wie zu Konferenzen der Jugendorganisation der *NPD*, den *Jungen Nationaldemokraten*, nach Thüringen.

CasaPound trägt die Ideologie zudem in die Zivilgesellschaft und auf die Straße. Bei Erdbeben und Überschwemmungen schnürt die Zivilschutz-Suborganisation von *CasaPound* Care-Pakete und verteilt sie an die Betroffenen. Im Winter werden demonstrativ Decken-Sammlungen für italienische Obdachlose veranstaltet. Die Umweltschutzorganisation säubert Waldstükke und Parks. Alles wird fotografiert und gefilmt und ins Internet gestellt, wodurch tausende Klicks, Likes, Retweets und Kommentare generiert werden. Doch so fürsorglich und bieder sich *CasaPound* in diesen Aktionen gibt, so sehr geht auch ein enormes Gewaltpotenzial von der Organisation aus. 2011 wurden zwei migrantische Straßenhändler von Gianluca Caseri umgebracht und drei weitere verletzt. Caseri war Mitglied von *CasaPound* und schrieb für *Ideodromo*, eine eng verwandte Seite. Immer wieder werden auch von Mitgliedern von *CasaPound* oder des *Blocco Studentesco* linke Demonstrationen überfallen und linke Aktivist_innen verletzt.

CasaPound agiert als »Kulturfabrik« mit dem Ziel, »Faschismus als *un stile de vita*, als Lebensstil«, wie Heiko Koch es formuliert, zu verkaufen. Dabei versuchen sie in alle Bereiche der Gesellschaft vorzudringen, vor allem in jene, die mit Jugend konnotiert sind. Sport, Umweltschutz, Decken für Obdachlose sammeln und dabei Faschismus als Lösung für alle Probleme in den jeweiligen Bereichen zu propagieren, ist eine der erfolgreichsten Strategien. Daneben bieten sie mit regelmäßigen Konzerten oder futuristischen Theateraufführungen auch abendliche Freizeitgestaltung an.

Bis vor Kurzem hielt sich *CasaPound* aus der Parteienlandschaft bewusst heraus. 2013 trat man bei den Kommunalwahlen in Rom mit dem Slogan »Rechts, links ... oder CasaPound?« an und hatte nur mäßig Erfolg. Es bleibt abzuwarten, wie und ob sich *CasaPound* in die Parteienlandschaft einfügt. Wichtiger ist die Funktion als faschistische Parallelgesellschaft für Jugendliche. Viele rechtsextreme Gruppierungen in ganz Europa bemühten sich, die über die letzten zehn Jahre entwickelten Konzepte und Strategien zu kopieren, mit sehr bescheidenem Erfolg. Die *Identitäre Bewegung* versucht die Coolness der Aktionen und den Lebensstil von *CasaPound* mit der französischen Theoriearbeit zu vereinen und so auch für andere Länder nutzbar zu machen. Auch hier bleibt abzuwarten, wie lange sich dieser Versuch halten kann.

Andere Versuche, eine außerparlamentarische rechtsextreme Szene zu etablieren, sind im Vergleich zu *CasaPound* nicht besonders weit gediehen. Die *Generazione Identitaria*, die ganz im Stile der *Identitären Bewegung* agiert, ist existent, aber im Vergleich zu *CasaPound* kaum erwähnenswert. Wenn *CasaPound* als großes Vorbild gilt, so sei an dieser Stelle erwähnt, dass sich viele deutschsprachige Rechtsextreme besonders mit der Südtirol-Position der italienischen Faschist_innen schwer tun und es hier zu Zerwürfnissen kommt.

CasaPound ist dort, wo andere gerne wären. Sie zeigen, was möglich ist, wenn ein junger, modernisierter Rechtsextremismus die Zeit und die Mittel hat, sich frei zu entfalten.

Die Neue Rechte auf der Straße

Seit März 2014 gibt es in Deutschland die so genannten Montagsmahnwachen oder auch Friedensmahnwachen, die von der *Friedensbewegung 2014* vor dem Hintergrund der Zuspitzung der Ukraine-Krise ins Leben gerufen wurden. Bis zum Herbst bestimmte dieses Phänomen, zumindest in der Berichterstattung, die sozialen Bewegungen im deutschsprachigen Raum.

Am 26. Oktober demonstrierten 3.000 bis 5.000 Menschen unter dem Namen *Hooligans gegen Salafisten* (*HoGeSa*) in Köln. Im Laufe der Demo kam es zu heftigen Ausschreitungen und Straftaten mit neonazistischem Hintergrund wie Hitlergrüßen und Attacken auf linke Gegendemonstrant_innen sowie Journalist_innen.

Im selben Monat begann eine Reihe von Demonstrationen, die jeweils montags in Dresden stattfanden. Mit der Bezeichnung *Patriotische Europäer gegen die Islamisierung des Abendlandes* (*Pegida*) demonstriert eine inszenierte Bürgerbewegung gegen eine vermeintliche »Islamisierung«, aber auch gegen »Gender-Wahn« und »Masseneinwanderung«. In diesen Erscheinungen finden sich nicht nur Protagonist_innen und Organisationen der Neuen Rechten, sondern vor allem ihre Themen wieder.

Montagsmahnwachen

Mit der Verwendung von Begriffen und Symbolen wie der Friedenstaube, die schon aus der ursprünglichen Friedensbewegung der 1970er und 1980er Jahre bekannt sind, versuchten sich die Initiator_innen der neuen Friedensmahnwachen zumindest nach außen hin in die Tradition der Friedensbewegung, der Protestbewegung in der DDR sowie der Anti-Hartz-IV-Montagsdemonstrationen einzureihen. Von einzelnen deutschen Großstädten breitete sich das Phänomen im Laufe des Jahres bis in 80 deutsche Städte und auch bis nach Wien, Innsbruck und die Schweiz aus. Die Mahnwachen in den Nachbarländern Deutschlands bringen es allerdings auf deutlich weniger Teilnehmer_innen, die Zahlen bewegen sich im zweistelligen und niedrigen dreistelligen Bereich. Initiiert wurden die Friedensmahnwachen vom politisch bisher nicht aktiven Event-Manager Lars Mährholz in Berlin. Schon bald zeigte sich, dass es sich bei den Mahnwachen nicht allein um Zusammenkünfte von besorgten Bürger_innen handelt, sondern dass diese eine Plattform für Rechtsextreme, Verschwörungstheoretiker_innen und Anhänger_innen revisionistischer Ideen bieten. Dies liegt nicht nur an dem Redeformat des »offenen Mikrofons«, welches auf den Montagsmahnwachen praktiziert wird, sondern auch an drei Personen, die zu den wichtigsten Akteur_innen gehören. Der erwähnte Mährholz mag bisher nicht in Erscheinung getreten sein, zeigt aber durch seine Äußerungen und Handlungen, dass er nicht nur rechten Positionen auf den Demos Platz gibt, sondern diese auch selbst vertritt. So bezeichnet Mährholz auf seiner Homepage die amerikanische Notenbank Federal Reserve (FED) und das Zinssystem als »Anfang allen Übels«. Kriege, Konflikte und Krisen werden von beängstigenden, komplexen Phänomenen zu leicht erklärbaren Erscheinungen, die nur eine einzige Verursacherin haben – die US-Zentralbank. Mährholz ist der Ansicht, die USA würden Angriffskriege führen, allein um ihre Währung zu stabilisieren. Die Mahnwachen seien »Informationsveranstaltungen«, die quasi ein Gegenstück zu den seiner Ansicht nach manipulierten Massenmedien darstellen. Gefragt danach, wer auf den Mahnwachen willkommen sei, antwortet Mährholz in bester neurechter »weder links noch rechts«-Strategie, dass keine Extremist_innen erwünscht seien, dass aber alle, egal ob von links oder rechts, kommen können, die friedlich für das gemeinsame Ziel demonstrieren. Er selbst bezeichnet sich schließlich noch als Kapitalisten, der gegen den Kapitalismus kämpft. Wie offen er für rechtsextreme Organisationen ist, zeigt die Tatsache, dass er dem christlich-fundamentalistischen Internet-Sender *klagemauer.tv*, der Verschwörungstheorien verbreitet, ein Interview gegeben hat.

Bis sich Mährholz von ihm distanzierte, zählte auch der Publizist Jürgen Elsässer zu den maßgeblichen Figuren der Montagsmahnwachen. Er ist ein Paradebeispiel für jene Querfront-Strategie, die schon bei Mährholz deutlich wurde. Elsässer, ehemals linker Aktivist, ist mittlerweile Herausgeber des neurechten *Compact*-Magazins, in dem Thilo Sarrazin und Eva Hermann gelobt werden. Bekannte Themen der Neuen Rechten wie der Kampf gegen *Political Correctness* und Gender-Mainstreaming sowie Feminismus prägen das Heft, während man zugleich vorgibt, sowohl linke als auch rechte Positionen zu Wort kommen zu lassen. Dass der inhaltliche Tenor jedoch eindeutig rechts ist, zeigen die genannten Themen. Die *Compact*-Herausgeber versuchen außerdem, die vorwiegend linken Positionen von beispielsweise Anti-Imperialismus, Globalisierungskritik oder Antikapitalismus rechts umzudeuten. Dabei machen sie von rechtsextremen Argumentationsmustern wie dem völkischen Antikapitalismus Gebrauch.

Trotz zahlreicher Konflikte ist der Internet-Journalist und ehemalige Radiomoderator Ken Jebsen einer der wichtigsten Köpfe der Montagsmahnwachen. Jebsen ist bekannt als KenFM, er spricht regelmäßig auf den Mahnwachen und bloggt. Auch gegen ihn gibt es zahlreiche Antisemitismusvorwürfe, die u.a. auf seinen Behauptungen beruhen, dass radikale Zionisten die Massenmedien der USA unterwandert hätten. Am 16. Dezember 2014 beschloss die Bundestagsfraktion von DIE LINKE, dass sie keine Veranstaltungen der Montagsmahnwachen mehr unterstützen würde, an denen Jebsen, Mährholz oder andere einschlägige Organisatoren beteiligt sind.

Ein wichtiger Multiplikator neurechter Themen ist der Soul-Sänger Xavier Naidoo. Aufgrund seiner großen Popularität hat es besonders viel Gewicht, wenn er beispielsweise am 3. Oktober 2014 vor dem Reichstagsgebäude bei einer Mahnwache vor einem Publikum spricht, das überwiegend aus so genannten Reichsbürgern besteht. Reichsbürger_innen sind Anhänger_innen einer Verschwörungstheorie, nach der die BRD kein souveräner Staat ist und das Deutsche Reich nach dem Zweiten Weltkrieg offiziell nie aufgelöst wurde. Diese Vorstellung wird häufig mit antisemitischen, revisionistischen und nationalistischen Ideen verbunden. Naidoo vertritt selbst ähnliche Positionen und war sich auch der anwesenden Neonazis bewusst. In Liedern wie »Raus aus dem Reichstag« bedient sich der Sänger traditioneller antisemitischer Stereotype und Vorurteile. Darin singt Naidoo: »Wie die Jungs von der Keinherzbank, die mit unserer Kohle zocken. Ihr wart sehr, sehr böse, steht bepisst in euren Socken. Baron Tothschild gibt den Ton an und er scheißt auf euch Gockel. Der Schmock is'n Fuchs und ihr seid nur Trottel.« Naidoo nutzt den antisemitischen Mythos, nach dem die jüdische Familie Rothschild (hier: Tothschild) in Wahrheit die Fäden der globalen Politik und Wirtschaft in den Händen hält. Zudem bezeichnet er Rothschild als »Schmock«, eine Figur in Gustav Freytags Lustspiel *Die Journalisten* (1854), in dem Schmock ein gesinnungsloser und geldgieriger Journalist ist, der von Freytag mit sämtlichen biologistisch-antisemitischen Klischees versehen wird. Auch der auf den Montagsmahnwachen immer wieder geäußerten Zinskritik hat Naidoo das Lied »Verschieden« gewidmet. Damit wird auf die von Nationalsozialisten wie Gottfried Feder behauptete Unterscheidung in gutes »schaffendes« und böses »raffendes« Kapital angespielt. Diese Vorstellung ist auch Teil von Denkmustern des völkischen Antikapitalismus: Während die deutsche Industrie das gute produktive Kapital verkörpert, steht der Finanzsektor mit seinem Zinswesen für das unproduktive raffende Kapital, das von Jüd_innen kontrolliert würde. Naidoo verbreitet somit nicht nur als Redner, sondern auch als sehr bekannter und beliebter Musiker antisemitische Vorstellungen, die sich in vielen Teilen der deutschsprachigen Bevölkerung wiederfinden. So auch auf den Mahnwachen.

Immer wieder bemühen sich Teilnehmer_innen und auch Organisator_innen der Mahnwachen um Abgrenzung gegenüber rechtsextremen Organisationen, Parteien, Personen oder Inhalten auf ihren Veranstaltungen. Diese Bestrebungen werden jedoch ebenso beständig von jenen Stimmen zunichtegemacht, die das vermeintliche gemeinsame Streben nach Frieden als Priorität darstellen. In Anbetracht dieses Ziels akzeptieren sie auch, dass Rechtsextreme ihre Ideen auf den Mahnwachen verbreiten. Ein Beispiel für diese Haltung sind die oben zitierten Äußerungen von Lars Mährholz. Die Rechtsoffenheit hat jedoch weitere Gründe. So werden rechtsextreme Diskurse oft gar nicht als solche identifiziert. Gleichzeitig ist auch das Verständnis von dem, was als politisch links bezeichnet wird, diffus. Zwar bezeichnen sich laut einer Befragung im Sommer 2014 38 Prozent der befragten Teilnehmer_innen von Montagsmahnwachen als links der Mitte (Daphi u.a. 2014: 28). Andererseits stimmt mehr als ein Drittel der Befragten der folgenden Aussage überwiegend oder ganz zu: »Wir sollten einen Führer haben, der Deutschland zum Wohle aller mit starker Hand regiert.« Dieser Wert übersteigt den der Gesamtbevölkerung um ein Mehrfaches. Der Zuspruch zu weiteren Fragen, die Rückschlüsse auf rechtsextreme Denkmuster zulassen, liegt unter dem der Gesamtbevölkerung. Dabei ist wichtig, dass sich die Befragten des Vorwurfs der Rechtslastigkeit bei der Beantwortung des Fragebogens durchaus bewusst waren. Zum Zeitpunkt der Befragung war die Einforderung nach Distanzierung bereits omnipräsent. Daher ist der Vergleich mit den Werten von Studien der Gesamtbevölkerung auch schwierig. Die nächsten Werte sind dagegen aussagekräftiger. Es handelt sich dabei um Aussagen, die von Protagonisten der Mahnwachen wie Mährholz, Ralf Schurig[19] oder Ken Jebsen stammen. 91 Prozent stimmen der Aussage zu, dass die USA nur der Knüppel der FED seien. 85,5 Prozent halten die BRD für keinen souveränen Staat. Und 47 Prozent sind der Ansicht, dass sich »die Zionist_innen« weltweit an die Hebel der Macht gesetzt hätten und nun Politik, Börse und die Medien nach ihrer Pfeife tanzen lassen.

Auch wenn selbstverständlich nicht alle Teilnehmer_innen der Montagsmahnwachen als rechts, rechtsoffen oder rechtsextrem bezeichnet werden können, zeigt dieser kurze Blick auf die Themen und Protagonisten der *Friedensbewegung 2014*, dass sich hier ein für die Neue Rechte ideales Feld der Diskursverschiebung nach rechts bietet. Rechtsextreme nutzen gezielt emanzipatorische Ansätze und deren gewünschte Offenheit. Dabei geben sie nationalistische und verschwörungstheoretische Antworten auf komplexe Fragen.

---

[19] Ralf Schurig agiert als Mitveranstalter der Mahnwachen und bezeichnet sich selbst als »Lebensberater, Kristallarbeiter und Schamane«. Auf seinem Blog verbreitet er Verschwörungstheorien und antisemitische Stereotype.

HoGeSa

Wie die meisten rechten Organisationen entstand auch *HoGe-Sa* nicht aus dem Nichts. Vorläuferin war die 2012 gegründete Hooligan-Gruppierung *GnuHoonters*, in der sich 17 Hooligan-Gruppierungen gegen linke Ultra-Gruppen organisiert hatten. Aus diesem Spektrum kam es im Laufe des Frühjahrs 2014 zu ersten gewalttätigen Störaktionen gegen Veranstaltungen des bekannten Konvertiten und Salafisten Pierre Vogel, bei denen die Hooligans die Polizei angriffen. Zunächst agierte diese Gruppe unter dem Namen *Weil Deutsche sich's noch trauen*. Nach einer Hacker-Attacke auf die Internetseite erfolgte die Umbenennung in *HoGeSa*. Mit einer Facebook-Gruppe gelang es den Aktivist_innen, rasch einen gewissen Bekanntheitsgrad innerhalb des rechtsoffenen bis rechtsextremen Teils der Hooliganszene zu erreichen. Im Herbst kam es zu einigen kleineren Versammlungen und Kundgebungen in Essen, Dortmund und Frankfurt a.M. Die Teilnahme bekannter Neonazis wie Siegfried »SS-Siggi« Borchardt (*Die Rechte*) und NPD-Kader an letzteren zeigt die bedeutende Rolle, die neonazistische Protagonisten von Beginn an bei *HoGeSa* spielen, obwohl man sich selbst betont unpolitisch und unabhängig gibt. *HoGeSa* gibt vor, Sprecherin der so genannten Mitte der Gesellschaft oder gleich des »Volks« zu sein. Erst mit der Demonstration in Köln am 26. Oktober 2014 trat *HoGeSa* in eine breitere Öffentlichkeit. Zunächst meldete Dominik Roeseler, Ratsherr für die rechtsextreme Partei Pro-NRW, die Demonstration an und war eine Zeit lang auch *HoGe-Sa*-Sprecher. Die Demonstration überraschte schließlich mit ihrer hohen Teilnehmer_innenzahl die Polizei und geriet zum größten rechtsextremen Treffen der letzten Jahre in Deutschland. Eröffnen durfte das Großereignis die Hooligan-Rechtsrockband *Kategorie C*, deren Konzerte im Normalfall verboten werden. In Köln verbreiteten sie auf dem Breslauer Platz vor tausenden Fans ihren antimuslimischen Rassismus. Auch die Rufe zahlreicher Demonstrant_innen waren einschlägig: »Hier marschiert der nationale Widerstand«, »Frei, sozial und national« oder »Deutschland den Deutschen! Ausländer raus!« wurde gerufen und zum Teil mit Hitlergrüßen unterstrichen. Anwesende Journalist_innen wurden ebenfalls beschimpft und bedroht. Dennoch fanden sich unter den Teilnehmer_innen auch »gewöhnliche« Bürger_innen, die unter dem Vorwand, gegen Salafisten zu demonstrieren, die eigenen antimuslimischen Ressentiments pflegten. Der Deckmantel der »besorgten Bürger« wurde gerne angenommen. Auch Akteur_innen der organisierten Neuen Rechten waren in Köln vor Ort und hatten sogar im Vorfeld für die Demonstration mobilisiert, wie die *Identitäre Bewegung Rheinland*, die mit einem Banner in der vorderen Reihe zu sehen war. Auf diesem prangten die Schlagworte »Heimat – Freiheit – Tradition«, die sich auf zahlreichen Sujets der deutschsprachigen *Identitären Bewegung* finden. Sympathie gab es auch von Jürgen Elsässer und seinem *Compact*-Magazin sowie dem rassistischen Blog *Politically Incorrect*. An der *HoGeSa*-Demo nahm mit Tatjana Festerling auch ein Gründungsmitglied der Hamburger AfD teil, das sich im Anschluss lobend über *HoGeSa* äußerte. Neben Festerling war mit Claus Döring ein weiteres Mitglied der Hamburger AfD in Köln. Auch er zeigte sich begeistert. Besonders bemerkenswert ist diese Begeisterung angesichts der Ausschreitungen von *HoGeSa*, die bereits kurz nach Beginn der Demo begannen. Diese richteten sich nicht nur, wie für Hooligans wenig überraschend, gegen die Polizei, sondern auch gegen linke Gegendemonstrant_innen und Migrant_innen. Die überforderte Polizei zählte anschließend circa 50 Verletzte in den eigenen Reihen. Trotz Massenmobilisierung seitens *HoGeSa* und Warnungen von antifaschistischen Initiativen im Vorfeld war die Polizei nur mit 1.300 Beamt_innen zugegen und konnte die Ausschreitungen nicht verhindern, die sich noch in den Zügen von Köln fortsetzten, als Hooligans Fahrgäste drangsalierten. Die *HoGeSa*-Demonstrationen wurden in den nächsten Wochen fortgesetzt. Viele waren es nicht, weil die Gegenmobilisierungen Erfolg hatten. Die größte Demo nach Köln fand am 15. November in Hannover statt. 3.000 Teilnehmende versammelten sich am Zentralen Omnibusbahnhof. Aufgrund von Alkoholverbot und weiterer Auflagen und nicht zuletzt wegen tausender Gegendemonstrant_innen war die Stimmung allerdings deutlich schlechter als in Köln. Auch *Kategorie C* durften diesmal nicht spielen.

Am 6. Dezember 2014 zeigten *HoGeSa*-Aktivist_innen aber-mals, dass es ihnen nicht um eine Kritik an Salafisten, sondern um generellen antimuslimischen Rassismus geht. 50 HoGeSa-Anhänger_innen meldeten spontan eine Gegenkundgebung gegen eine Demo linker und kurdischer Gruppen gegen das PKK-Verbot in Köln an. Die Polizei untersagte die Versamm-lung, nachdem sie Messer, Pfefferspray, Quarzhandschuhe und Pyrotechnik bei den rechtsextremen Hooligans gefunden hatte. Für den Winter plante HoGeSa eine Vereinsgründung. Weitere Demonstrationen sollen im Februar und April 2015 im Osten re-spektive Süden Deutschlands folgen.

Pegida

Im Oktober 2014 initiierte Lutz Bachmann, gelernter Koch und wegen diverser Delikte verurteilt, das Demonstrationsbündnis *Pegida*. Anlass für die Gründung Pegidas war laut Bachmann ausgerechnet eine Demonstration von PKK-Anhänger_innen in Dresden. Der Kampf der PKK gegen den *Islamischen Staat* im Irak und Syrien spielt für Bachmann und die Demonstrant_innen keine Rolle, »der Islam« in Deutschland ist das Problem, weil er für Bachmann »Glaubens- und Stellvertreterkriege auf deut-schem Boden« produziere. Auch die Tatsache, dass in Sachsen der Bevölkerungsanteil von Menschen muslimischen Glaubens bei gerade mal 0,1 Prozent liegt, ändert nichts an der gefühlten Bedrohung durch den Islam. Stattdessen verbreitet Bachmann in seinen Reden falsche Tatsachen, wenn er etwa behauptet, dass Flüchtlinge in Deutschland luxuriös untergebracht seien, wäh-rend sich viele deutsche Pensionist_innen keinen Christstollen mehr leisten könnten. Die Demonstrant_innen bemühen sich um die Inszenierung als demokratische Bürgerbewegung, indem sie immer wieder den Spruch »Wir sind das Volk« benutzen. Das-selbe Phänomen ist auch auf den Montagsmahnwachen und bei Demonstrationen gegen Asylbewerber_innenheime zu finden. Es dient der Legitimierung der eigenen Position. Indem die De-monstrant_innen die Losung der Demonstrationen in der ehema-ligen DDR verwenden, nutzen sie ein Bild, das für einen überwie-genden Teil der Bevölkerung mit positiv besetzten Begriffen wie

Freiheit und Demokratie verknüpft ist. Auf der anderen Ebene schwingt in der Aussage aber auch eine völkisch-nationalistische Position mit: Wir, die echten Deutschen, begehren auf gegen die Bedrohung von außen, die Islamisierung. Schließlich inszeniert sich *Pegida* als wahre Repräsentant_innen der Bevölkerung im Gegensatz zu den etablierten Parteien, denen man Versagen im Umgang mit Flüchtlingen und der »Islamisierung« vorwirft. Diese würden die Sorgen und den Willen der Bevölkerung nicht erkennen und dementsprechend handeln.

Von anfangs 500 Teilnehmenden wuchsen die Demonstrationen rasch auf bis zu 15.000 an (Stand 16.12.2014). Gleiches gilt jedoch auch für die Gegendemonstrationen. Unter den *Pegida*-Teilnehmer_innen finden sich auch NPD-Kader, AfD-Vertreter_innen oder Personen aus dem rechtsextremen Hooligan-Spektrum. Sowohl die bürgerlichen Teilnehmer_innen als auch Bachmann akzeptieren das, betonen aber, dass Pegida »weder links noch rechts« sei.

Die vermeintliche Harmlosigkeit soll auch das Demonstrationskonzept von *Pegida* unterstreichen, wonach die Umzüge schweigsam und friedlich vor sich gehen sollen. Als sich den 10.000 *Pegida*-Anhänger_innen am 8. Dezember nahezu ebenso viele Gegendemonstrant_innen in den Weg stellten, wurden diese mit Feuerwerkskörpern angegriffen. Nach dem großen Erfolg von *Pegida* in Dresden gründeten sich in der Folge Ableger in anderen, vor allem westdeutschen Städten. Dort sind es in Städten wie Düsseldorf und Bonn Vertreter_innen der Neuen und Alten Rechten wie Melanie Dittmer (Gründerin der *Identitären Aktion*, ursprünglich aus dem Umfeld der neonazistischen *Freien Kameradschaften*), die die Demonstrationen initiierten und auf ihnen sprechen. Auch Akif Pirinçci, Autor des rassistischen, homophoben und frauenfeindlichen Buches *Deutschland von Sinnen. Der irre Kult um Frauen, Homosexuelle und Zuwanderer* (2014) und Multiplikator neurechter Ideen, redete in Bonn. In diesen Städten beläuft sich die Teilnehmer_innenzahl aber nur auf 80 bis 500 Personen. Bislang scheint der Erfolg *Pegidas* zwar regional begrenzt zu sein, die Dresdner Teilnehmer_innenzahlen ergeben sich aber auch durch zugereiste Demonstrant_innen.

Die diskursive Wirkung ist überregional, was die breite Medienberichterstattung und die Äußerungen von Politiker_innen aller Parteien zeigen. Vonseiten der CSU kam Verständnis für die »Sorgen der friedlich demonstrierenden Bürger aus der Mitte der Gesellschaft«. Umfragen ergaben, dass die Zustimmung für Pegida in der Bevölkerung bereits bei 49 Prozent liegt (Stand 15.12.2014). Damit hat bereits eine Diskursverschiebung nach rechts stattgefunden, wie sie von den Akteur_innen der Neuen Rechten immer wieder forciert wird.

Bezeichnend ist auch das Schweigen der *Pegida*-Anhänger_innen. Mit Medien wollen sie nicht kommunizieren, diese werden als »Lügenpresse« beschimpft. Lutz Bachmann lehnt Einladungen zu Polit-Talkshows ab. Dass er eingeladen wird, zeigt jedoch, dass er und die Anliegen *Pegidas* salonfähig sind und ernst genommen werden. Demokratische Diskussionsprozesse werden abgelehnt. Es gibt nur Äußerungen über Plakate und Reden auf den Demos. Wie bei *HoGeSa* und den Mahnwachen werfen die Teilnehmer_innen der Presse systematische Falschinformation der Bevölkerung vor. Sie glauben, es gäbe eine Steuerung von Medien durch die Politik, die wiederum die Interessen der Bevölkerung bzw. des »Volkes« nicht mehr repräsentiere. Das Schweigen sagt den etablierten Parteien wie den Medien: Ihr seid es nicht wert, dass wir mit euch reden. Wir repräsentieren uns selbst. Die Beschränkung auf Reden und Plakate soll ein Höchstmaß an Kontrolle über die Selbstdarstellung gewähren. Kritische Berichterstattung kann einfach als Äußerung der »Lügenpresse« verworfen werden.

Zur Strategie des Schweigens und der vorgegebenen friedlichen Ausrichtung passt auch die Botschaft, die das Fronttransparent von *Pegida* transportiert. Darauf zu sehen ist eine Figur, die, neben einer Fahne mit arabischen Schriftzeichen, auch die Fahne der PKK, ein Hakenkreuz und das Symbol der Antifaschistischen Aktion in den Müll wirft. Wie die Montagsmahnwachen, die Identitären oder *HoGeSa* soll das die Selbsteinordnung als »Mitte« der Gesellschaft zeigen. Dass diese Inszenierung nicht haltbar ist, zeigt zum Beispiel ein Foto Lutz Bachmanns mit einem T-Shirt des identitären T-Shirt-Labels *Phalanx Europa*, das unter anderem von Martin Sellner, Obmann der Wiener Identitären mit langer Vergangenheit im organisierten Neonazismus, betrieben wird. Stattdessen wird behauptet, auf den *Pegida*-Demonstrationen würden nur »normale« Bürger_innen ihre berechtigten Sorgen äußern. Die Strategie, sich als weder links noch rechts zu bezeichnen, ist in der Neuen Rechten weit verbreitet und war bereits bei faschistischen oder nationalsozialistischen Parteien ein Mittel, um sich als Alternative zu Kommunismus und Demokratie darzustellen. Die rechtsextremen Bestandteile der eigenen Ideologie werden so verdeckt bzw. normalisiert.

Dass die Angst vor einer vermeintlichen Islamisierung Teil eines rechten Diskurses ist, der *Pegida* prägt, zeigt der Blick in den Forderungskatalog, in dem auch gegen Gender-Mainstreaming gehetzt wird. Am 15. Dezember 2014 kam auch noch die von den Mahnwachen bekannte Solidarisierung mit dem russischen Präsidenten Wladimir Putin dazu. Plakate mit kryptischen Aussagen wie »Putin hilf uns!« unterstreichen das konfuse Unbehagen gegenüber der Regierung. Zwar wird mehr oder wahre Demokratie gefordert, der autoritäre Regierungsstil Putins, seine Einschränkung der Pressefreiheit und diskriminierenden Gesetze gegen Homosexuelle werden ignoriert. Stattdessen scheint das Motto zu heißen: »Der Feind (Putin) meines Feindes (USA, EU und deutsche Regierung sowie ukrainische Regierung) ist mein Freund.« Die komplexen Zusammenhänge und Interessenlagen werden vernachlässigt, um zu einer überschaubaren Sicht auf die Welt zu gelangen. Das Gefühl, endlich gegen »die da oben« aufzustehen, ist unauflösbar mit dem Treten nach unten gegen jene verbunden, die gesellschaftlich unter den *Pegida*-Anhänger_innen stehen: Minderheiten, Flüchtlinge, Frauen.

Die AfD agierte bereits zuvor als Repräsentantin jener, die sich nicht mehr von den »Altparteien« repräsentiert fühlten. nur folgerichtig, dass der AfD-Vize Alexander Gauland am 15. Dezember 2014 seine Partei als »natürlichen Verbündeten« von *Pegida* bezeichnete. Später relativierte er seine Aussagen und meinte: »Es wäre arrogant, wenn wir uns dieser Volksbewegung einfach bedienten.« Dass sich die AfD aber bereits genau dieser Menschen mit ihrem Programm bedient, verschwieg Gauland. Konrad Adam, neben Gauland und Bernd Lucke Sprecher der AfD, setzte die Forderung seiner Partei nach einem Ende der »Masseneinwanderung« in Verbindung mit *Pegida*. Ihre Legitimität begründete er mit Verweis auf die tödliche Geiselnahme eines geistig verwirrten Islamisten in Sydney am 15. Dezember 2014. Dass Adam jedoch nicht nur keine »Masseneinwanderung« will, sondern eine Gesellschaft ohne Muslim_innen, d.h. eine vermeintlich homogene deutsche Volksgemeinschaft, zeigt seine Folgerung in Bezug auf die Geiselnahme. Einwanderung setzt Adam hier mit Gefahr gleich: »Das zeigt, dass es keiner Masseneinwanderung bedarf, um Menschen in Gefahr zu bringen. Ein Einzelner genügt.«

Teile der AfD unterstützen *Pegida* jedoch nicht nur in den Medien, sondern mobilisieren zu bzw. sind, wie der *Spiegel* mutmaßt, auch an der Organisation von *Pegida* beteiligt, wie Hans-Thomas Tillschneider, Vorstandsmitglied der AfD in Sachsen, der über seine *Patriotische Plattform Sachsen* immer wieder zur Teilnahme an den *Pegida*-Veranstaltungen aufruft. In Kassel wurde der *Pegida*-Ableger *Kagida* vom AfD-Mitglied Michael Viehmann angemeldet. Die Unterstützung von *Pegida* und deren Ablegern durch Teile der AfD kann als deren Versuch bewertet werden, sich als parlamentarische Vertreterin einer inszenierten rechten sozialen Bewegung darzustellen und damit die Wahrnehmung der AfD als Alternative zu den »Altparteien« zu verstärken. *Pegida* instrumentalisierte im Januar 2015 die Anschläge auf das französische Satiremagazin Charlie Hebdo, um für Presse- und Meinungsfreiheit zu demonstrieren und der ermordeten Journalist_innen zu gedenken. Dass dies nur eine geheuchelte Anteilnahme ist, zeigt der auf *Pegida*-Demonstrationen omnipräsente Ausruf der »Lügenpresse«, einem u.a. dem Nationalsozialismus entlehnten Begriff, der jede Kritik an sich mundtot machen will. von Charlie Hebdo sowie weitere Karikaturist_innen aus Frankreich verwehren sich gegen diese falschen Freund_innen und positionieren sich gegen *Pegida*.

Fazit

Im Jahr 2014 ist es der Neuen Rechten gelungen, ihre Ideen auf die Straße zu bringen. Sowohl die Montagsmahnwachen, *HoGeSa* als auch *Pegida* und deren Ablegerinnen dienen als Vehikel und Ausdruck von antimuslismischem Rassismus, Nationalismus, Antisemitismus, Antifeminismus, antidemokratischen Einstellungen und sehr häufig auch Hass gegenüber linken Gruppierungen. Die Neue Rechte ist dabei immer wieder durch ihre Protagonist_innen oder Multiplikator_innen maßgeblich beteiligt. Im Frühjahr und Sommer 2014 beteiligten sich neurechte und rechtsextreme Gruppierungen an vermeintlichen Bürgerprotesten gegen die Errichtung von Flüchtlingsheimen oder initiierten diese gleich mit. Dies ist eine Vorstufe von *HoGeSa* und *Pegida,* wo mit denselben rassistischen Argumenten massenhafte Demonstrationen gestartet wurden. Die Behauptungen, »weder links noch rechts zu sein« oder »alle Demokraten« willkommen zu heißen, versuchen diese Tatsache nur zu verschleiern. Wie bei den Montagsmahnwachen kommt Kritik nur von außen oder nur vereinzelt von innen.

Die Neue Rechte profitiert von der so genannten Krise der Repräsentation. Der Begriff wurde von Nicos Poulantzas (1936-1979), einem griechisch-französischen marxistischen Staats- und Klassentheoretiker entwickelt. In dieser Krise der Repräsentation verlieren etablierte Parteien, Institutionen, Organisationen und Verfahren der demokratischen Willensbildung an Legitimität. Zugleich wird den Parteien nicht mehr zugetraut, Krisen lösen zu können. Der Staat reagiert mit autoritärer Politik und überträgt die Wirkungen sozialer Unsicherheit, die aus dem Abbau des Sozialstaates wie Hartz IV resultieren, in das Feld der »inneren Sicherheit«, wie der Politikwissenschaftler John Kannankulam meint. Die Antwort auf soziale Krisen ist also mehr Law-and-order-Politik.

In das Vakuum der Repräsentation stößt nun die Neue Rechte mit ihren Diskursen, die ebenfalls um die Themen Angst und Sicherheit kreisen. Komplexe Zusammenhänge von Politik und Wirtschaft sowie gesellschaftliche Konflikte werden reduziert auf einfache Erklärungsmuster: Die Auswirkungen des kapitalistischen Systems werden mit der Abschaffung des Zinssystems gelöst, Krieg und Konflikte durch organische Volksgemeinschaften im Sinne des Ethnopluralismus verhindert, demokratische Entscheidungen durch Volksabstimmungen garantiert, wirtschaftliche Sicherheit durch Austritt aus der EU erreicht.

Auf den Montagsmahnwachen gibt es neben den erwähnten rechtsextremen Erklärungsmustern auch linke, sodass die Forscher_innen der Studie *Occupy Frieden* das Aufbegehren gegen die erlebte Entleerung der Demokratie als »diffus und in weiten Teilen apolitisch [beurteilen]. Es verbleibt bei einem ultraliberalen Nebeneinander, z.T. widersprüchlicher Anliegen.« Sowohl bei den Montagsmahnwachen als auch bei *HoGeSa* und *Pegida* besteht ein hohes Identifikationspotenzial, da diese sozialen Bewegungen ein neues politisches Zuhause bieten. Im Parteienspektrum werden bei den Montagsmahnwachen allein AfD und DIE LINKE als Alternativen gesehen, da es ihnen gelingt, durch ihre Kritik an der Politik der Herrschenden als glaubhafter Gegenpol zu den »Altparteien« wahrgenommen zu werden. Für die eindeutig von rechten Themen und Protagonist_innen dominierten *HoGeSa* und *Pegida* sind nur die AfD und, für das offen rechtsextreme Spektrum, Parteien wie die Pro-Bewegungen, die Rechte oder die NPD als Nicht-System-Parteien relevant.

Für alle drei Bewegungen gilt, dass sie sich als wahre Repräsentationen des Volkes sehen. Wie zuvor erwähnt, hat diese Haltung völkisch-nationalistische, ausschließende und selbstlegitimierende Komponenten. Kritik vonseiten der etablierten Parteien oder der Medien werden nur als Beleg für deren Ignoranz, Unwissenheit oder gar Feindseligkeit gegenüber den Bewegungen gesehen. Das kann dazu führen, dass die Entfremdung gegenüber den demokratischen Institutionen und Prozessen bei den Aktivist_innen weiter zunimmt. Dieser Entfremdung müssen, neben Aufklärung über die Ideen der Ungleichheit, vor allem glaubhafte Alternativen gegenübergestellt werden. Eine Prognose für die drei behandelten Phänomene fällt schwer, da die Dynamik unberechenbar bleibt und mit sozio-politischen und wirtschaftlichen Entwicklungen zusammenwirkt. Welche Strategien und Ideologien diesen Phänomenen zugrunde liegen, zeigt das nachfolgende Kapitel.

Wie ist die Neue Rechte?

Ideologie der Neuen Rechten

Die ideale Gesellschaft: Starke Eliten und Homogenität
Der höchste Wert der Neuen Rechten ist die Nation, sie ist oberster und absoluter Wert, an dem sich alle Selbstwahrnehmung orientiert. Die Nation ist in der Ideologie der Neuen Rechten nicht etwa ein geistiges Konstrukt, sondern eine fixe, reale Größe. Die Nation wird als Bevölkerung mit gemeinsamer Vergangenheit und politischer Zusammengehörigkeit definiert.

Das Volk – als ethnisch zusammengehörig charakterisiert – wird wiederum als Gruppe gesehen, deren Mitglieder über eine als homogen gedachte Kultur miteinander verbunden sind. Auf die Spitze getrieben wird das im Konzept der »Volksnation«, die eine Einheit von Volk und Nation anstrebt. Zur Volksnation gehört auch die Vorstellung einer hierarchischen Gesellschaft und einer ethnisch homogenen Bevölkerung, in der sich jedes Individuum an die Bedürfnisse des »großen Ganzen« anpasst. Rechtsextremer Nationalismus funktioniert dabei *inklusiv* für jene, die den Kriterien wie ethnischer Zugehörigkeit und politischem Bekenntnis zur Volksgemeinschaft entsprechen. Zusätzlich wirkt er *exklusiv* – nach innen und außen – gegen all jene, die das nicht tun. Es geht also sowohl um Eigenschaften (die kulturell, ethnisch und auch biologisch gedeutet werden) als auch um ein Bewusstsein eben jener Zugehörigkeit.

Das Ziel ist eine homogene Gesellschaft, in der alles »Fremde« und »Andersdenkende« keinen Platz hat und, nach Carl Schmitt,[20] ausgeschieden werden muss, um als Gesellschaft funktionieren zu können.

In diesem Nationendenken gibt es ein Gefühl ständigen Bedrohtseins. Krise, Dekadenz und Zusammenbruchängste sind wichtige Motive im Denken der Neuen Rechten. Sie sind auch

---

[20] Ein zentraler Akteur der Konservativen Revolution, der auch im Nationalsozialismus als Jurist und Staatstheoretiker Karriere gemacht hat.

Ausgangspunkte zur Definition alles Feindlichen, wie etwa ein globalisierter Lebensstil oder Individualismus, der als Egoismus gedeutet wird, sowie Linke und Muslim_innen.

Die Neue Rechte sieht Europa in einer existenziellen Krise: Die Gesellschaft sei dekadent und hedonistisch und stehe kurz vor dem Zusammenbruch, gegen den man sich zur Wehr setzen müsse. Daher fordern Neue Rechte, dass man sich auf die eigene, tief gehende Kultur rückbesinnen und Patriotismus leben soll. Nationalstolz, Sehnsüchte nach kultureller Homogenität, wirtschaftlicher Unabhängigkeit und starke Männlichkeitsbilder sollen dieser gefühlten Dauerkrise entgegenwirken. Denn erst über die ureigene Volkszugehörigkeit könnten Menschen ihren Lebenssinn ableiten.

Eliten und Herrschaft
Im Demokratiediskurs bezieht sich die Neue Rechte vor allem auf Carl Schmitt und steht für ein identitäres Demokratiekonzept. Im Parteienstaat sieht die Neue Rechte die Zersplitterung des Volkes und macht sich eine Repräsentativitätskrise zunutze, in der sich große Teile der Bevölkerung nicht mit vorhandenen Parteien im System identifizieren können. Daher sollen keine Parteien und Parlamente an der Spitze des Staates stehen, sondern Personen und Personengruppen, die zum Wohle der »Nation« und des »Volkes« entscheiden. Es spielen also Eignung und die vermeintliche Orientierung am Volkswohl eine Rolle in der Legitimation einer Elitenherrschaft. Eine Sonderrolle haben hier die FPÖ und die AfD, für die das Wettern »gegen das System« und »die da oben« fixer Bestandteil der Rhetorik ist. Sie nützen rechte (inszenierte) Bürgerbewegungen, stützen diese und sehen sie als Bestätigung für ihre Politik.

Aufgrund der permanenten, alles bedrohenden Krise, die einem dauerhaften Ausnahmezustand gleichkommt, will die Neue Rechte die Exekutive, die Regierung, gegenüber der Legislative, dem Parlament, aufwerten. Alain de Benoist macht ohne Umschweife deutlich, dass es eigentlich einer neuen Aristokratie bedürfe. Im Gegensatz zu einer bloßen Elite sei sich die Aristokratie der Verantwortung bewusst und nehme diese auf sich. Damit schließt er an Julius Evolas[21] »Geistesaristokratie« an. Aristokratie ist damit nicht als ständisches Geburtsrecht gemeint, sondern als intellektuelle Elite, die die Führung der Nation übernehmen soll. Dieser Elitebegriff hängt eng mit jenem der Burschenschaften zusammen.

Bürgerliche Verrohung und Sozialdarwinismus
Ausformungen einer Hierarchisierung der Gesellschaft, in der jedem Individuum sein Platz zugewiesen ist, sind Sozialdarwinismus und etwas, das als bürgerliche Verrohung bezeichnet wird. Denn obwohl sich die Neue Rechte, je nach Ausformung, gern globalisierungskritisch bis antikapitalistisch gibt, ist sie vom Leistungsimperativ beherrscht. Nur wer viel leistet, hat ein Recht auf ein gutes Leben. Menschen werden nach ihrer Nützlichkeit für die Gesellschaft (oder: das Volk) bewertet, daraus ihr Wert und ihre Ansprüche abgeleitet.

Sozialdarwinismus bedeutet, dass Menschen sozial ausgeschlossen werden, auch wenn sie – wie zuvor beschrieben – formal als Angehörige eines Volkes, einer Nation gelten, jedoch nichts zur Maximierung des »Volkswohls« beitragen bzw. dieses aktiv beeinträchtigen. Dazu zählen beispielsweise Wohnungs- und Obdachlose, Punks, drogenabhängige Personen oder Strafverfolgte. Die Stigmatisierung funktioniert dabei vielschichtig. Werden »inländische« Obdachlose herangezogen, um gegen Immigrant_innen zu hetzen und so eine vermeintliche Konkurrenz zweier marginalisierter Gruppen zu erzeugen (das entspricht einer Abgrenzung nach außen), so werden Punks als Inbegriff von Dekadenz gebrandmarkt.

Geschlechterbilder
Dekadenz ist für die Neue Rechte vor allem eine Krise der Männlichkeit. Dementsprechend wird sie mit Begriffen wie Verweichlichung, Verweiblichung, Überfluss und Geschwätz assoziiert, die

---

[21] Julius Evola war ein italienischer Futurist, Faschist, Rassentheoretiker und Esoteriker/Okkultist. Er pflegte Beziehungen zur Konservativen Revolution und wetterte gegen die Moderne sowie gegen Jüd_innen.

alle das Gegenteil der idealen Männlichkeitsvorstellung darstellen.

Geschlechterbilder werden nur biologistisch gedeutet, soziale Faktoren wie Erziehung, wirkende Rollenbilder werden negiert. Feminismus heißt Gleichmacherei, die gegen die vermeintlich natürlichen Bestimmungen von Männern und Frauen gerichtet ist. Die Geschlechter werden als einander komplementär, also wechselseitig ergänzend, begriffen. Der Mann wird als stark, im Wettkampf stehend und aktiv idealisiert, während die Frau ausgleichend und passiv wirkt und auf das große Ganze achtet. Die Frau wird als Mutter und Hüterin der Familie gesehen. Sie ist durch diese Position auch für den Erhalt des Volkes zuständig. Anstatt Emanzipationsbestrebungen zu hegen, haben Frauen nur die eine Rolle als Mutter auszufüllen. Damit unterscheidet sich dieses Bild nicht von jenem der Alten Rechten. Gleichzeitig wird der Begriff Gleichberechtigung umdefiniert: Statt ihn zu bekämpfen, wird behauptet, die Frau sei gleichberechtigt, wenn sie gemäß ihrer angeblich weiblichen Eigenschaften handeln könne, was Mutter sein bedeutet. Die Neue Rechte gibt teilweise den offenen Sexismus der Alten Rechten auf und propagiert ein Frauenbild, das prinzipiell gleichwertig, aber nicht dem Männlichkeitsbild gleichartig ist.

Frauen treten in den Texten und Sujets vor allem als Objekte auf, die die Schönheit des Eigenen symbolisieren sollen oder als Mittel zum Erhalt des Volkes dienen. Trotz einer Wendung vom Biologismus zum Kulturalismus bleiben die Argumentationsmuster biologistisch. Das stammt aus der Beschwörung der vermeintlichen »Überfremdung« durch Menschen, die als fremd wahrgenommen werden, weil diese höhere Geburtenzahlen vorweisen als z.B. eine als deutsch definierte Bevölkerung. Dazu passt auch eine strikte Ablehnung von Schwangerschaftsabbrüchen. Das Recht auf Schwangerschaftsabbruch schädigt laut den Neuen Rechten das Volk, es ist in ihren Augen egoistisch und unverantwortlich gegenüber der ureigenen Aufgabe der Reproduktion.

Die Familie wird zur zentralen Zelle in neurechten Staatsvorstellungen. Alles Tun des Staates hat darauf ausgerichtet zu sein, dass Familien Kinder produzieren. Damit sind in einer biologistischen Sichtweise aber nur Familien und Kinder gemeint, die in den Volksgedanken passen.

In dieser Logik wird Homosexualität auch als ein Symptom für Dekadenz und Grund für geringe Geburtenzahlen gedeutet. Der *Sezession*-Autor Martin Semlitsch (schreibt als Martin Lichtmesz) bemüht sich jedoch beispielsweise, Hans Blühers[22] Ideale des Männerhelden und der maskulinistischen Homosexualität den aus rechter Sicht dekadenten verweiblichten Idealen des Gender-Mainstreamings und der »Homosexuellen-Lobby« entgegenzustellen. Blüher habe eine heldenhafte Männlichkeit hochgehalten, welche heute zum Leid der Neuen Rechten als obsolet gelte. Semlitsch geht es dabei um den Erhalt eines traditionellen Männlichkeitsbildes, in dem der Mann aus seiner homoerotischen Sehnsucht heraus heroisch ist und (politisch rechte) Taten vollbringt. Letztlich unterscheidet Semlitsch zwischen schlechter, weil verweiblichter und linker Homosexualität sowie guter, weil archaisch-männlicher und rechter Homosexualität, wobei der schon bei Blüher vorhandene Aspekt der Abwertung von Weiblichkeit – und folglich Frauen generell – betont wird.

Der triebgesteuerte Mensch
Die Neue Rechte hat ein negatives Menschenbild: Der Mensch ist ohne Gemeinschaft, feste Strukturen und Hierarchie ein verlorenes und verunsichertes Wesen. Dabei ist es Menschen genetisch vorbestimmt, auf eine gewisse Art und Weise zu handeln. Der Mensch sei zwar durchaus lernfähig, aber es gäbe enge anthropologische, also der menschlichen Natur eigene, Grenzen, innerhalb derer er sich bewegt. Damit wird sowohl sozialwissen-

---

[22] Hans Blüher (1888-1955) gestaltete die Wandervogelbewegung in Deutschland maßgeblich mit. Das war eine Bewegung, die von bürgerlichen Schülern und Studenten getragen wurde und die der Urbanisierung Ende des 19. und am Beginn des 20. Jahrhunderts mit romantischen Gegenidealen begegnete. Blüher publizierte tabubrechend zu Männlichkeit und Homosexualität und baute seine Thesen zu einer Theorie aus, mit der er Männerbünde zum Ideal des sozialen Zusammenhalts und Fortschritts in einer Gesellschaft erhob.

schaftlichen als auch psychologischen Erkenntnissen widersprochen, die von einer sozialen Prägung von Individuen ausgehen. Die Neue Rechte versucht, ihre Thesen seriös mit wissenschaftlichen Erkenntnissen zu untermauern. Besonders Konrad Lorenz und sein Schüler Irenäus Eibl-Eibesfeldt, der Intelligenzforscher Arthur Jensen und der Psychologe Hans-Jürgen Eyseneck stützen diese Ansichten. Lorenz und Eibl-Eibesfeldt liefern mit ihrer Forschung die Argumente für eine fast rein biologistische Sicht auf den Menschen und die Gesellschaften. Lorenz selbst erfasste drei arterhaltende Triebe, die sowohl für Tiere als auch Menschen gelten sollten: den *Dominanztrieb*, der die Hierarchie bestimme; den *Aggressionstrieb*, der Überleben erst ermögliche; sowie den *Territorialtrieb*, der sich gegen Fremde richte, die sich auf eigenem Territorium befänden. Alain de Benoist formuliert darauf aufbauend drei wünschenswerte Prinzipien der Biopolitik, also der Politik zum Lenken und Verwalten einer Bevölkerung. Das ist 1. das Bedürfnis nach einem abgegrenzten Raum (*Territorialität*), 2. eine strenge Ordnung nach innen, die einer Elite die Macht zur Führung gibt (*Hierarchie*), und 3. ein Abwehrmechanismus nach außen beziehungsweise gegenüber dem Fremden (*Aggression*).

Kulturbegriff und Ethnopluralismus als moderner Rassismus
In den 1980er Jahren kam es zum Wechsel von einer traditionellen Form der Rassen-Ideologie zu einer modernisierten Variante: dem Ethnopluralismus. Er ist ein originär neues Konzept der Neuen Rechten. Dabei wird das Aufeinandertreffen bzw. das Vermischen verschiedener Kulturen als Ursache für globale Konflikte gesehen. Ethnopluralismus wendet sich gegen multi-, inter- oder transkulturelle und plurale Gesellschaften. Kulturen sind in den Augen der Neuen Rechten homogen und statisch, Phänomene wie Subkulturen oder Gegenkulturen innerhalb einer Bevölkerung werden ausgeblendet. Die Neue Rechte verabsolutiert vermeintliche kulturelle Differenzen. Alle Menschen, die derselben gedachten Kultur angehören, haben in dieser Logik notwendigerweise das gleiche Streben, die gleichen Ziele und Vorstellungen. Nachdem diese blockartige Kultur auch ethnisch definiert ist und über gedachte Abstammungslinien wei-

tergegeben wird, wird der Begriff Kultur synonym zum alten Rassebegriff verwendet.

In einer modernisierten Variante einer Blut- und Boden-Ideologie wird ein Verwurzeltsein und eine Zugehörigkeit von Menschen zu ihrem Geburts- bzw. Herkunftsgebiet behauptet. Diese gedachten Ungleichheiten von Kulturen werden als natürlich gedeutet und nicht als Ergebnisse historischer und dynamischer Prozesse, die durch Kräfteverhältnisse, Ressourcenverteilung und Imperialismus determiniert werden, folglich variabel sind. Samuel P. Huntingtons *Clash of Civilizations* (1993) drückt zentrale Punkte des Ethnopluralismus aus: Konflikte sind vor allem das Resultat des Aufeinandertreffens verschiedener Kulturen und nicht etwa machtpolitischen, imperialistischen oder kapitalistischen Interessen geschuldet. Dieser Kulturbegriff bestimmt auch, welche Relevanz Individuen als Teil dieser Kulturen beigemessen wird: Individuen werden über Kollektive wie Kultur oder Volk definiert, über die sie ihre Daseinsberechtigung erlangen. Das Individuum hat für sich keinen Wert und kann außerhalb einer (nationalen oder völkischen) Gemeinschaft nicht gedacht werden. Dementsprechend können nur die Kollektive Rechte besitzen, nicht aber die Individuen. Dieses *nominalistische* Weltbild wird in direktem Gegensatz zu einem *universalistischen* gesehen, das allen Menschen gleiche Rechte zuerkennt. Dazu zählen vor allem die Menschenrechte.

Doch wie macht die Neue Rechte diesen modernen Rassismus salonfähig? Ethnopluralismus will nach außen hin keine Wertung verschiedener Kulturen vornehmen – damit grenzt er sich vom plumpen Rassismus der Alten Rechten mit seiner »Herrenrassenideologie« scharf ab. Neu ist auch, dass ein vermeintlich solidarischer Diskurs über Migrant_innen geführt wird. Diese seien entwurzelt und würden sich nichts sehnlicher wünschen, als in ihrem Heimatort zu leben. Deswegen müsse es Ziel einer Gesellschaft sein, dass Migrant_innen in ihr Geburtsland zurückkehren können. Die Schlussfolgerung ist jedoch dieselbe wie aus rechtspopulistischen und rechtextremen Ecken bekannt: keine Immigration, kein Aufnehmen von Flüchtlingen, keine Vermischung von Kulturen.

Das vermeintliche Recht auf Differenz wird über das Recht auf Gleichheit und Gleichberechtigung gestellt. Damit täuscht man vor, auch die Interessen von Immigrant_innen zu vertreten. Alain de Benoist bezeichnete das als *differenzialistischen Antirassismus*, um der de facto Ungleichbehandlung von migrantischen Minderheiten einen legitimisierenden Namen zu geben. Die Argumentation: Man betont die Unterschiedlichkeit von Kulturen und fordert, dass diese Unterschiede erhalten werden müssen. Das müsse das primäre Ziel von politischen Maßnahmen sein, nicht etwa Antidiskriminierung, Gleichstellung oder Integration. In Gleichstellungs- und Antidiskriminierungspolitik sieht de Benoist nur das Bekämpfen von Differenzen und wirft Antirassist_innen populistisch vor, »Ethnozide« zu begehen. Alain de Benoist bricht dabei nach wie vor Tabus innerhalb der Neuen Rechten. So fordert er im Manifest *La Nouvelle Droite de l'an 2000* (1999) zum ersten Mal nicht primär die Rückkehr von Migrant_innen in ihre Ursprungsländer, sondern ein »Nebeneinander«. Gleichzeitig ist er gegen eine »Vermischung«, also Assimilation, der Kulturen. Viele andere neurechte Player_innen sehen das anders: Sie wollen Immigrant_innen, auch wenn diese schon lange beispielsweise in Deutschland leben, dazu zwingen, in ihre Herkunftsländer zurückzukehren.

Varianten des aktuellen Rassismus: antimuslimischer Rassismus und (sekundärer) Antisemitismus
Obwohl die Neue Rechte versucht, sich als wertschätzend gegenüber allen Kulturen zu inszenieren, schlägt in Bezug auf den Islam deutlich eine Hierarchisierung durch. Laut der Rassismus-Forscherin Fanny Müller-Uri wird im antimuslimischen Rassismus der Islam als »monolithischer und homogener Block« und darüber hinaus als Bedrohung dargestellt. Das »muslimisch Andere« wird zur »Negativfolie«, von der sich die vermeintlich gute, christlich geprägte, aber säkularisierte, demokratische europäische Identität abheben kann. Der Rassismus gegenüber Muslim_innen ist dabei nicht notwendigerweise an einen Rasse-Begriff und eine kategorische Abwertung geknüpft. Die vermeintlichen Differenzen werden von der Neuen Rechten *soziokulturell* er-

fasst: Zuschreibungen und Abgrenzung sind die Bausteine, die Rassismus als soziales Verhältnis herstellen und aufrechterhalten. Seit den Terroranschlägen des 11. September 2001 ist antimuslismischer Rassismus eines der wichtigsten Argumentationsfelder der Neuen Rechten. Die neue Qualität an Furcht und Ressentiments gegenüber allem, was mit dem Islam in Verbindung zu stehen scheint, hat der Neuen Rechten zu neuem Schwung verholfen. Das hat sich auch in vielen Neugründungen von Organisationen rund um die Jahrtausendwende niedergeschlagen. Der Neuen Rechten kommt zu Gute, dass es verhältnismäßig einfach ist, mit vermeintlicher Religionskritik am Islam anti-egalitäre, völkisch-nationalistische und letztendlich rassistische Narrative zu transportieren. Auch wenn sich die Akteur_innen der Neuen Rechten für gewöhnlich nicht als glühende Vorkämpfer_innen für die Gleichberechtigung von Frauen hervortun, werden sie nicht müde, gerade die Unterdrückung von Frauen etwa durch Salafisten zu betonen. Es geht ihnen dabei auch weniger um die Frauen als um ein Argument, das möglichst breite Zustimmung findet. Der nächste Schritt ist die Gleichsetzung des Salafismus mit dem Islam und mit Kleidungsmerkmalen beziehungsweise bestimmten Ethnien. Über diese Gleichsetzung versuchen sie auch, Flüchtlinge, die genau vor diesem Terror geflüchtet sind, als Gefahr darzustellen, da sie über ihre vermeintliche Andersartigkeit den Terror importieren.

Dass die Neue Rechte sich nicht von rassistischer Ideologie befreit hat, zeigt auch der beharrliche Antisemitismus, der häufig in Form des sekundären Antisemitismus vorkommt. Was bedeutet das? Die Neue Rechte verfolgt nicht mehr die Strategie der Leugnung der Verbrechen des Nationalsozialismus, insbesondere der Shoah, sondern versucht, diese zu relativieren. Die Neue Rechte sieht die Shoah als Ursprung einer vermeintlichen Zensur und konstruiert damit das Tabu, Israel zu kritisieren, das vor allem für Deutsche und Österreicher_innen gelte. Ihren als Tabubruch inszenierten Antisemitismus stellen sie so als Heldentat der Meinungsfreiheit dar.

Der Nationalsozialismus soll etwas Vergangenes sein, das mit der heutigen Zeit nichts mehr zu tun habe. Dementsprechend wehrt sich die Neue Rechte auch gegen eine (alleinige) Schuld der Deutschen am Ausbruch des Zweiten Weltkriegs. Wahlweise wird der bolschewistischen Sowjetunion, einer jüdischen Verschwörung oder beidem die Schuld zugeschoben. Man projiziert die Schuld auf die Person Hitler, die Verbrechen der Nazis werden individualisiert und als schändliche Charakterschwächen interpretiert, aber nicht als breit in der Gesellschaft verankert gesehen. In dieser Geschichtsschreibung ist die Shoah einer von vielen historischen Genoziden, man versucht, sie zu normalisieren und zu bagatellisieren. Es gibt Akteur_innen der Neuen Rechten, die sich klar vom Nationalsozialismus distanzieren, wie das Institut für Staatspolitik. Es sympathisiert mit dem konservativen Widerstand gegen die NS-Herrschaft, zu dem, ihrer Meinung nach, zum Beispiel Graf von Stauffenberg gehört. Viele Neue Rechte distanzieren sich zwar großmütig von Hitler und dem Nationalsozialismus, aber nicht von faschistischen Ideologien als solchen.

Das Verdrängen bzw. Kleinhalten von NS-Verbrechen und insbesondere der Shoah fällt in die Kategorie sekundärer Antisemitismus. Es ist also Antisemitismus mit einem Motiv des Abwehrens von Erinnern, Gedenken und historischer Selbstkritik. Um sich frei von Widersprüchen mit der vielfach beschworenen Nation identifizieren zu können, fordert die Neue Rechte, endlich einen Schlussstrich ziehen zu können und nicht mehr mit diesem historischen Abschnitt und der Frage von Täterschaft konfrontiert zu werden. Wichtig in diesem Zusammenhang ist der Historikerstreit der 1980er Jahre zwischen Ernst Nolte und Jürgen Habermas. Ernst Nolte bezweifelte die Singularität von Auschwitz und sah im russischen Bolschewismus den Vorläufer für die nationalsozialistischen Verbrechen. Nolte ist in der Neuen Rechten nach wie vor eine hoch geschätzte Persönlichkeit, was seine Einladung zum ersten *zwischentag* im Jahr 2012 zeigt.

Offen antisemitische Kreise der Neuen Rechten sehen in den Deutschen die wahren Opfer des Zweiten Weltkrieges. Der 1991 verstorbene Politologe und Autor der Neuen Rechten Bernard Willms propagierte etwa die zweifache Niederlage Deutschlands. Einmal habe es den Krieg militärisch verloren, ein zweites

Mal geistig durch Reeducation und neues Geschichtsbewusstsein. Dieser Haltung immanent ist ein tiefer Antisemitismus. Juden und Jüdinnen seien nicht Opfer, sondern vielmehr Täter_innen.

Europavorstellungen
Die Neuen Rechten beschwören ein identitäres Europa-Konzept. Europa wird zur Schicksalsgemeinschaft stilisiert, die wieder zu historischer Größe werden muss. Europa geht also über seine geografischen oder nationalstaatlichen Grenzen hinaus, es ist eine überhöhte Idee, die verteidigt werden muss. Im Prinzip gibt es in Bezug auf Europavorstellungen drei große Richtungen innerhalb des Rechtsextremismus: 1. die nationalstaatliche, die ein Europa der Nationen vertritt, 2. die neoimperiale, die von einer Nation Europa als Gegengewicht zu den USA träumt, und 3. die regionalistische, die sich ein föderales Europa der Regionen wünscht. Erstere wird vor allem vom Front National und der Strache-FPÖ vertreten, zweitere von der NPD und die dritte war das bevorzugte Modell der Haider-FPÖ.

Die Neue Rechte lässt sich keiner dieser Europa-Konzepte vollständig zuordnen, da verschiedene Vertreter_innen verschiedene Modelle bevorzugen. Die rechte Europaidee gewann umso mehr an Einfluss, je mehr die Idee eines christlichen Abendlandes, das es gegen den Islam zu verteidigen gilt, von Rechtsparteien propagiert wurde. Hier zeigt sich der Einfluss, den die Neue Rechte haben kann: Die Forderung nach einem Europa der Vaterländer, die tief im ethnopluralistischen Konzept verwurzelt ist, wird mittlerweile nicht nur von traditionellen rechtsextremen Parteien, sondern auch von Teilen der CDU/CSU erhoben. Die *Pegida*-Bewegung hat sie gar als Motto ihrer Agitation erkoren und Parteien wie die AfD nützen die Synergien, um ihre rechte Politik zu popularisieren.

Konfuse Wirtschaftsmodelle und Antiliberalismus
Die Neue Rechte wendet sich gegen den politischen Liberalismus, nicht aber geschlossen gegen den wirtschaftlichen Liberalismus, den Kapitalismus und/oder den Neoliberalismus. Das wirtschaftspolitische Konzept der Neuen Rechten ist durchaus heterogen.

Von einer klaren wirtschaftsliberalen Position bis zu antikapitalistischen Reflexen spannt sich ein uneiniges Feld.

In den Abhandlungen von Vardon, Kubitschek, Lichtmesz und Co. sucht man vergeblich nach ökonomischen Analysen, Kritiken und Theoriearbeit. Parteien wie die FPÖ oder die AfD sind offen neoliberal und vertreten ganz deutlich das Ideal der Leistungsgesellschaft. Dabei ist zentral, dass die Gruppen derer, die vermögend sind, und derer, die als wünschenswerte und leistungsstarke Elite definiert werden, im Prinzip deckungsgleich sind.

Bei neurechten Gruppen fällt die Suche nach ökonomischen Alternativvorschlägen noch magerer aus, der manchmal propagierte Antikapitalismus ist völkisch konnotiert und geht nicht über die Diagnose hinaus, Globalisierung würde die kulturelle Identität zerstören. Eigentumsverhältnisse, Ausbeutung, Interessenkonflikt zwischen Kapital und Arbeit? Begriffe und zentrale Elemente von Ökonomiekritik sucht man vergebens.

Feindbilder: Linkslinke Gutmenschen
und ihre Political Correctness
Politischer Liberalismus und Marxismus sind die ideologischen Hauptfeinde der Neuen Rechten, denn letztere agitieren gegen Universalismus und Gleichheit und daraus folgende Ableitungen wie die allgemeinen Menschenrechte oder den Schutz von Menschen vor Diskriminierung. Jürgen Hatzenbichler[23] definiert Rechtssein als *identitär* und *differenzialistisch* im Gegensatz zu linken Positionen, die *egalitär* seien.

Auch die USA sind ein konkreter Feind, denn sie stehen für alles Schlechte im Weltbild der Neuen Rechten: Multikulturalismus, Liberalismus und Reeducation nach dem Zweiten Weltkrieg. Außerdem stehen sie für die gefürchtete Vermischung von Kulturen, Dekadenz und Imperialismus.

---

[23] Hatzenbichler ist Journalist und war bei der FPÖ, schrieb unter anderem für die Burschenschafter-Zeitschrift *AULA* und betrieb die kurzweilige Jugendausgabe *Identität* in den frühen 1990er Jahren. Er nahm unter anderem an Wehrsportübungen teil und wurde wegen Verbreitung von neonazistischen Schriften verurteilt.

Der Hass gegen Linke zeigt sich auch in wiederkehrenden Erzählungen, in denen sich die Neue Rechte als Opfer von Verfolgung durch den vermeintlich linken Mainstream darstellt. Das betrifft die vorgebliche Verfolgung durch Zensur, »Gutmenschen« und Political Correctness, der sie eine sich in Heldenposen ergehende Political *In*correctness entgegensetzen. Political Correctness ist in ihrer Logik repressiv gegen freie Meinungsäußerung. Schuld daran seien die 68er und Linke im Allgemeinen. Wenn Rechte dann rassistische oder sexistische Witze erzählen, gegen Feminismus wettern etc., inszenieren sie sich als Tabubrecher_innen, die ob ihrer Heldentat nicht diskriminiert werden dürfen. Political Correctness wird mit religiösen und ethischen Metaphern wie Inquisition, Terror oder Zensur bedacht. Mit diesen Vokabeln wird das dahinter liegende Ziel ausgeblendet, heruntergespielt und delegitimiert. Diese Strategie nutzt die Neue Rechte zur Verbreitung antisemitischer, rassistischer, revisionistischer, antifeministischer und sexistischer Inhalte.

Der Hass auf die 68er ist ein konstituierendes Element der Neuen Rechten. Der »Gutmensch« ist die Weiterführung des Motivs der 68er, die den Rechten verbieten würden, ihre Meinung zu sagen, wie der Historiker Volker Weiß anschaulich macht:

»Seine Figur ist komplementär zum Vorwurf der Zensur konzipiert, [...] der ›Gutmensch‹ [ist] der Akteur gefühlter Repression. Aufgrund seiner nie spezifizierten Macht kann der Rassist nicht mehr ungestört sagen, ›Neger‹ seien alle faul, der Antisemit fürchtet einen Ordnungsruf für seine Ansicht, dass Juden ›schachern‹ und selbst die Bemerkung, Homosexualität sei ›widernatürlich‹, kann wegen der Gutmenschen nur im Untergrund kursieren. Zur Unterdrückung des allgemeinen Menschenrechts auf diskriminierende Sprache setzt der Gutmensch seine schwerste Waffe ein: die Kritik. Daher wird sein Wirken gerne mit dem Dritten Reich oder der DDR gleichgesetzt, die demzufolge äußerst kritikfreudig gewesen sein müssen.« (Weiß 2011: 98)

Kulturrevolution von rechts

Das über allem stehende Ziel der Neuen Rechten ist die von de Benoist geforderte »Kulturrevolution von rechts«. Hierbei adaptieren Angehörige des neurechten Spektrums das Konzept der kulturellen Hegemonie für sich. Dieses stammt, wie eingangs angesprochen, vom marxistischen italienischen Theoretiker Antonio Gramsci. In der Haft unter Mussolini erörtert Gramsci, warum es in westlichen Ländern nicht wie in Russland zu einer Revolution kommen könne. Ursache sei das Vorhandensein einer Zivilgesellschaft und von Institutionen wie Kirchen, Gewerkschaften, Vereinen und Medien, die das jeweils vorhandene Herrschaftssystem stützen und nicht gefährden. Wenn das Herrschaftssystem hegemonial abgesichert ist, kommt auch in den Köpfen der breiten Bevölkerung kein Widerstand auf, von organisiertem Widerstand gar nicht zu sprechen. Die einzige Möglichkeit einer Gegenbewegung wäre, diesen Konsens zu brechen, sodass den Herrschenden nur noch der Zwang als Mittel zur Absicherung bleibt, beispielsweise Gesetze. Für eine wahre Revolution bedarf es intellektueller Vorarbeit.

Der Neuen Rechten geht es folglich darum, in die Köpfe, in das Alltagsleben von Menschen vorzudringen und dadurch ihr Denken und Handeln zu bestimmen. Um das zu bewerkstelligen, brauchen Protagonist_innen der Neuen Rechten nicht unbedingt parteipolitisch aktiv zu sein, auch wenn einige das durchaus tun. Um in die Köpfe vorzudringen und den Konsens einer Gesellschaft nach rechts zu verschieben, wenden sie sich der Metapolitik zu und berauben das Konzept Gramscis gleichzeitig seiner ökonomischen Analysen und seiner marxistischen Substanz. De Benoist ignoriert die ökonomische Basis gänzlich, was Gramsci nicht getan hat. Gramsci ging es auch nicht um einen bloßen instrumentellen Nutzen. Er wollte am Alltagsverstand der Menschen andocken, um sie intellektuell vom Sozialismus überzeugen zu können. De Benoist zielt hingegen in einer elitären Strategie auf intellektuelle und mediale Eliten und Multiplikator_innen, nicht aber auf die Arbeiter_innen wie Gramsci. De Benoist pervertiert im Grunde Gramsci, der der Ansicht war, dass jeder Mensch ein Intellektueller ist, auch wenn nur einige diese Funktion in der Gesellschaft ausfüllen. Gramsci setzt auf die Funktion von »organischen Intellektuellen«, d.h. Intellektuelle, die die spezifischen kulturellen Erfahrungen ihrer Klasse artikulieren können. Intellektuelle sind nach Gramsci also nicht nur Künstler_innen und Philosoph_innen (»traditionelle Intellektuelle«), sondern Menschen, die gesellschaftliche Prozesse aus ihrer spezifischen Klassenerfahrung gestalten können. Für Gramsci sollte in einer revolutionären Bewegung darauf hingearbeitet werden, dass jede einzelne Person die Funktion eines Intellektuellen ausfüllen kann. De Benoist dagegen will nur die traditionellen Intellektuellen erreichen, um so die Eliten zu beeinflussen. Der emanzipatorische Charakter Gramscis wird komplett ins Gegenteil verkehrt.

Rhetorische Mittel und Strategien

Mimikry
Mimikry anzuwenden, bedeutet, politische Vorhaben und Konzepte nur selektiv anzusprechen und dadurch dahinter liegende Absichten zu verbergen. Das hat nichts mit Selbstverleugnung zu tun, sondern es geht darum, sich in politische Diskurse einzubringen, zitiert zu werden, angenommen zu werden, ohne dass sofort erkennbar ist, welche Ideologie man vertritt.

Wie rhetorisches Mimikry funktionieren kann, zeigt Thora Ruth[24] in der rechtsextremen Zeitschrift eines deutschsprachigen Netzwerks in Argentinien *La Plata Ruf*[25] von 1973:

»Wir müssen unsere Aussagen so gestalten, daß sie nicht mehr ins Klischee der Ewig-Gestrigen passen. [...] Der Sinn unserer Aussage muß freilich der gleiche bleiben. [...] In der Fremdarbeiter-Frage etwa erntet man mit der Argumentation ›Die sollen doch heimgehen‹ nur verständnisloses Grinsen. Aber welcher Linke würde nicht zustimmen, wenn man fordert: ›Dem Großkapital muß verboten werden, nur um des Profits willen ganze Völker-

---

[24] Sie war unter anderem im *Nationaldemokratischen Hochschulbund*, der Hochschulorganisation der NPD, aktiv.
[25] Diese Zeitschrift wurde vom ehemaligen Goebbels-Adjutanten Wilfried von Oven in Argentinien herausgegeben.

scharen in Europa zu verschieben. Der Mensch soll nicht zur Arbeit, sondern die Arbeit zum Menschen gebracht werden.‹ Der Sinn bleibt der gleiche: ›Fremdarbeiter Raus!‹ Die Reaktion der Zuhörer wird aber grundverschieden sein.«

Ein aktuelleres Beispiel liefern die Identitären in Bochum, die 2013 gegen Globalisierung und Großkonzerne wetterten und sich so eine antikapitalistische Aufmachung verpassen wollten. Der Hintergrund: Mit der Einstellung der Autoproduktion des Opel-Werks in Bochum Ende 2014 entfallen etwa 3.700 Arbeitsplätze. Die Solidarität, die Identitäre anbieten, ist eine national-kulturalistische. Die Devise: Dem internationalen Kapitalismus muss national begegnet werden. Dass sie vermeintliche Kapitalismuskritik nur benützen, um den Kulturkampf von Rechts zu befeuern, machen sie erst später deutlich:

»Damit wir alle wirklich menschenwürdig leben und arbeiten können, braucht es eine Nonkonformität jenseits des überholten Links-Rechts-Schemas. Soziale Kämpfe lassen sich nicht von der Verteidigung und Förderung von Kultur, Nation und Identität trennen und ebenso wenig von einem generellen Kampf für die Freiheit des Menschen. Darum weg mit Scheuklappen und Denkverboten – lasst uns gemeinsam Widerstand leisten und für unser aller Zukunft kämpfen!«

Insinuation
Insinuation heißt, etwas andeuten, sodass alle beziehungsweise jene, die es sollen, ganz genau wissen, was gemeint ist, ohne es zitierbar und folglich scheinbar unproblematisch wiederzugeben. Die Eingeweihten wissen, was angesprochen wird. Gegenüber Kritiker_innen kann das Gemeinte mit Verweis auf den nackten Wortlaut bestritten werden.

Das macht Insinuation gerichtlich schwer zu ahnden. Dementsprechend wird sie verwendet, um verbotene oder gesellschaftlich sanktionierte Inhalte zu transportieren. Besonders die FPÖ wendet diese Methode gerne an: FPÖ-Generalsekretär Herbert Kickl sagte im österreichischen Nationalrat im November 2011 in einer Debatte zum Pensionssystem, dass Pensionist_innen höhere Pensionen bekommen sollten, da sie das Land aufgebaut hätten. »Sie sind nicht davongelaufen, so wie andere aus aller Herren Länder, die Sie verhätscheln«, so Kickl weiter.

Im reinen Wortlaut kann Kickl darauf verweisen, dass er nur die heutigen Flüchtlinge gemeint habe (was auch eine rassistische und despektierliche Äußerung wäre). Im Zusammenhang mit den Pensionist_innen, die das Land aufgebaut hätten, kann auch der Schluss gezogen werden, dass es sich bei den »Davongelaufenen«, um Flüchtlinge zu Zeiten des Nationalsozialismus handelt.

Anspielungen
Spezieller als bei der Insinuation werden hier Inhalte über Codes vermittelt. Auch hier wissen Eingeweihte, worum es geht, ohne dass eine Position offen ausgesprochen wird. Der Antisemitismus der Neuen Rechten wird nicht offen ausgesprochen, sondern über Codes und Chiffren angedeutet. So ist »Ostküste« oder der ständige Verweis auf die »Rothschilds« oder die FED ein antisemitischer Code für »jüdisches Finanzkapital«. Dieser Code gilt für die gesamte rechtsextreme Szene.

Semantisches Verwirrspiel
Akteur_innen der Neuen Rechten versuchen, Begriffe umzudeuten. Denn anstatt Begriffe (z.B. von politischen Gegner_innen) zu verbannen, werden sie mit neuer Bedeutung aufgeladen. Es geht also um Deutungsmacht, über die in politischen Debatten mitgemischt wird.

Im Sinne des Ethnopluralismus versucht die Neue Rechte, die Begriffe Rassismus und Antirassismus neu zu besetzen. Rassistisch sei es, Menschen zur Assimilation und überhaupt zum Verlassen ihrer Heimatländer zu zwingen. Antirassistisch sei es, die Leute wieder zurück in ihre Herkunftsländer zu bringen, wo sie ihre Kultur leben könnten.

Salonfähigkeit
Ein erklärtes Ziel der Neuen Rechten ist es, die Grenzen zwischen Rechtsextremismus und als demokratisch geltenden Meinungen aufzulösen. Hierzu ist es hilfreich, Gäste aus dem konservativen

und liberalen Spektrum auf eigene Veranstaltungen einzuladen oder sie als Gastautor_innen für Zeitschriften und Blogs zu gewinnen. Die *Junge Freiheit* wendet diese Strategie erfolgreich bei der Vergabe eigens geschaffener Publizistik-Preise und bei ihren Kampagnen und Petitionen an, wie zum Beispiel bei jener für Pressefreiheit 1994. Mit Pressefreiheit meint die *Junge Freiheit* das Recht, diskriminierende und herabwürdigende Texte abzudrucken. Durch wohlmeinende Berichterstattung bekommt die Neue Rechte eine Teilöffentlichkeit, die der rechtsextremen Szene sonst verwehrt bleiben würde. Ein Beispiel aus Deutschland ist der 2014 verstorbene Autor und Fernsehjournalist Peter Scholl-Latour, der die *Junge Freiheit* lobt: »Die JF bedeutet für mich, dass es noch unabhängige Geister in der deutschen Medienlandschaft gibt und Journalisten, die das Risiko eingehen, gegen den Strom zu schwimmen«, lässt sich Scholl-Latour in einem Werbefaltblatt des Organs zitieren.

Querfront
Mit der Querfrontstrategie versucht die Neue Rechte, an linke Diskurse und Themen anzuschließen und einen Weg zu finden, wie sich diese Konzepte (scheinbar) und dazu gehörende Aktionen verknüpfen lassen. Anders als bei bloßer Mimikry geht es bei der Querfront-Strategie nicht nur darum, Codes und Begriffe aus einem anderen politischen Spektrum zu entlehnen und sich damit weniger angreifbar zu machen. Vielmehr versucht die Querfront, tatsächlich eine Zusammenarbeit mit beispielsweise linken Akteur_innen auf Basis vermeintlicher Übereinstimmung zu erzielen. Antikapitalismus, Antiimperialismus, Umweltschutz, Frieden und Kinderrechte sind Themen, die hierfür genutzt werden, um sich mit NGOs, Gewerkschafter_innen, überparteilichen Plattformen oder auch regionalen Initiativen zu vernetzen oder sich sogar in diese einzuschleusen.

Den Rahmen des Sagbaren erweitern
Eine beliebte Strategie ist die Salami-Taktik, bei der die Grenzen des Sagbaren nach und nach erweitert werden. Die Neue Rechte versucht, die Grenzen dessen, was sagbar ist, immer mehr

auszureizen. So ist der von der FPÖ häufig verwendete Begriff »Überfremdung«, der direkt an den Nationalsozialismus anschließt, wieder fest im politischen Diskurs verankert, nachdem er anfangs für Empörung gesorgt hat. Ähnlich verhält es sich mit Begriffen wie Islamisierung, Ethnomorphose, Ethnomasochismus, Islamisierung oder Gleichheitswahn.

Kein links, kein rechts
Beliebt ist ebenfalls, sich als fernab eines Links-rechts-Konzeptes stehend zu positionieren. Ziel ist zum einen, trotz passender Ideologie nicht ins rechtsextreme Eck gestellt zu werden, denn das zerstört den Camouflage-Effekt. Zum anderen zielt der Verweis auf links und rechts darauf ab, beide Seiten – und damit vor allem Linke – zu diffamieren. Diese Strategie passt perfekt zu dem, was der Verfassungsschutz und die Extremismustheorie propagieren, und findet daher Anklang. Anhänger_innen der Extremismustheorie fordern, dass der Staat eine Äquidistanz zu Links- und Rechtsextremismus halten soll. Vertreter_innen dieser Ansicht werden auch gerne in neurechten Zeitschriften zitiert.

   Bekannt ist diese Strategie aus Italien, wo *CasaPound Italia* bei den Regional- und Senatswahlen 2013 als Partei angetreten und mit dem Slogan »Rechts, Links … oder doch CasaPound« auf Stimmenfang gegangen sind. Die Neue Rechte will für eine vermeintlich brave, bürgerliche, friedliche, (noch) nicht mobilisierte Mitte mit konservativen Werten sprechen. Linker Aktivismus wie Graffiti und brennende Mülltonnen, der Kampf für mehr Demokratie, der Kampf gegen die Privilegien der Starken der Gesellschaft wird als gleich gefährlich wie rechter Aktivismus hingestellt, der sich gegen die Schwachen und Marginalisierten der Gesellschaft richtet, der nicht mehr, sondern weniger Demokratie fordert und in dem nicht bloß Mülltonnen brennen, sondern Menschen verfolgt und krankenhausreif geprügelt oder sogar getötet werden.

Entlastungszeug_innen

Eine weitere Strategie ist es, Entlastungszeug_innen für die eigene Aussage anzugeben, die über alle Zweifel erhaben zu sein scheinen. Aussagen von Personen, die einer Gruppe angehören, gegen die sonst agitiert wird, und die Wortführer_innen der Neuen Rechten zustimmen, werten Letztere auf. Damit will sich die Neue Rechte unantastbar und immun gegen Kritik machen. Ein Beispiel dafür ist Hans Schirmer, der in der *Deutschen Stimme*, der NPD-Zeitung, einen amerikanischen Professor zitiert, der den Deutschen einen »Hitler-Komplex« attestiert, der sie daran hindere, mit dem Nationsgedanken ins Reine zu kommen.

Oft sind es Celebrities, deren Zitate als die eigene politische Haltung bestätigend wiedergegeben werden. Aktuelles Beispiel ist die hetzerische Publikation von Akif Pirinçci gegen Frauen, Schwule und Migrant_innen, auf die wohlwollend verwiesen wird, auch mit der Argumentation, ein Mensch wie Pirinçci, der selbst migrantische Eltern hat, wisse ja wohl, wovon er rede, und dürfe das sagen.

Relativieren

Wie bereits zuvor geschildert, leugnet die Neue Rechte nicht mehr die Verbrechen des Nationalsozialismus wie die Shoah. Stattdessen versucht sie, diese zu relativieren, beispielsweise, indem sie die Gedenkkultur und Vergangenheitsbewältigung als Strategie zur Selbstgeißelung brandmarken will. Wie sieht das in der Praxis aus? Ein aktuelles Beispiel ist das Relativieren der Shoah vonseiten der *Identitären,* die ihren Patriotismus beflügeln wollen. Dabei steht ihnen die allgemein anerkannte Geschichtsschreibung im Weg. Für *Identitäre* ist der Verweis auf die faschistischen Regime in Deutschland und Österreich bloß eine »Vergangenheit, die nicht vergehen will«, Gedenken ist für sie »Zivilreligion des Selbsthasses und Schuldkult«. Als Beispiel: »Die Shoa ersetzt als eine Art dunkle ›Anti-Offenbarung‹ alle Metaphysik, jeden Gott und jede historische Orientierung. Statt konstruktiv auf einem positiven Ideal aufzubauen, ist die Staatsräson der Staaten mit ›Gründungsmythos Auschwitz‹ den ›NS nicht zu wiederholen‹. Das ist ein desktruktives Schuldideal der Negation, das zu einem Ethnomasochismus (ethnischer Selbsthaß) führt, der unsere eigene Kultur und Geschichte unter Generalverdacht stellt.«[26] (Fehler im Original)

Delegitimation
Zum strategischen Repertoire der Neuen Rechten zählt auch das gezielte Lächerlichmachen von Gegner_innen. Das Delegitimieren des demokratischen Prinzips ist dabei eine herausragende Aufgabe der Rechten. Tabubruch und Herabwürdigung sind die integralen Bestandteile dieser Strategie. Ein Beispiel dafür ist, Political Correctness ausschweifend als Religion oder als Repression gegen Meinungsfreiheit abzuwerten und zugleich gegen Multikulturalismus und den Charakter des »Gutmenschen« zu wettern. Herabgewürdigt wird, was das freie Diskriminieren von verhassten Gruppen einschränken will.

Erosion
Zielobjekt der Neuen Rechten ist der innere Rand des Verfassungsbogens. Erosion will die Grenzen zwischen dem positiv konnotierten, weil demokratisch-bürgerlich gedachten Spektrum, das noch im Verfassungsbogen liegt, und jenes Spektrums außerhalb auflösen. Diese Strategie baut direkt auf jener der Salonfähigkeit auf. Zunächst versuchen sich die Neuen Rechten als legitime Diskurspartner_innen darzustellen, dann wollen sie zeigen, dass ihre Ansichten quasi identisch mit jenen des bürgerlichen Spektrums sind, um so immer weiter in dieses vorzudringen und sich Bündnispartner_innen für Initiativen, Publikationen und Veranstaltungen zu holen.

Retorsion
Auf den Punkt gebracht bedeutet Retorsion, dass sich die »ethnische Mehrheit an der Macht […] mit der Position der machtlosen Minderheit [bewaffnet] und sich gegen diese [wendet].« Machtgefälle und Unterdrückung werden nicht wahrgenommen, son-

---

[26] Martin Seller: »Integration und Selbsthass (2)«, in: http://www.identita-ere-generation.info/integration-und-selbsthass-2/, ohne Jahresangabe.

dern die Rolle der Unterdrücker_innen und der Unterdrücker werden vertauscht. Diese Strategie findet oft beim Thema Feminismus Anwendung, indem sich die Vertreter der Neuen Rechten permanent in der Opferrolle sehen. So ist beispielsweise in ihrer Logik Feminismus der eigentliche Sexismus und diene dazu, Männer zu diskriminieren.

Einen langfristigen Versuch, diese Strategie zu verankern, stellt die Internetseite »Deutsche Opfer, fremde Täter« dar, die eine digitale Fortsetzung des gleichnamigen und unter anderem von Götz Kubitschek verfassten Buches darstellt. Die Seite dokumentiert laut Selbstbeschreibung »Deutschenfeindlichkeit« und »die durch integrationsunwillige oder -unfähige Ausländer nach Deutschland getragene Alltagsgewalt« und befeuert die Vorstellung, dass von Immigrant_innen per se Gefahr ausgehe. Eine aktionistische Umsetzung dieser Strategie sind die Bürgerwehr-ähnlichen Formationen unter dem Slogan »Anti-Racailles« (dt. Anti-Pack) der *Génération Identitaire* in Frankreich. Nach monatelangen Selbstverteidigungskursen patrouillieren Aktivist_innen uniformiert durch die Metro der Städte Lille, Lyon und Paris, um brave Einheimische vor vermeintlich gefährlichen Jugendlichen mit Migrationshintergrund zu beschützen.

Warum ist die Neue Rechte?

Die Neue Rechte im Wandel

In den letzten 10 bis 15 Jahren hat eine enorme Wandlung der Neuen Rechten stattgefunden. Das Spektrum ist jünger, aktionistischer und öffentlichkeitswirksamer geworden. Darüber hinaus gibt es in den letzten fünf Jahren viele Multiplikator_innen ihrer Diskurse. Noch in den 1980er Jahren waren Personen wie Ernst Nolte das außenwirksamste Bild der Neuen Rechten. Die Diskurse wurden vor allem in den Feuilletons der großen Qualitätszeitungen geführt. Dort trafen sie auf Gegendiskurse von Linksintellektuellen. Ab den 2000er Jahren hat ein klarer Strategiewandel eingesetzt. Mit der Gründung des *Instituts für Staatspolitik* im Jahr 2000 und dem Entstehen von Projekten wie *Sezession* und *Blaue Narzisse* etablierte sich eine neue Generation der Neuen Rechten. Auch in der alten, neonazistischen Rechten entwickelten sich zur selben Zeit neue Ansätze, was das Beispiel der *Autonomen Nationalisten* zeigt.

Diese neue Generation der Neuen Rechten arbeitet seit 15 Jahren auf Durchbrüche hin wie die Diskurse rund um Sarrazin oder Pegida. Sie betreiben Bildungs- und Vernetzungsarbeit. Es hat sich ein Feld zwischen ultraneoliberalen Kapitalismusverfechter_innen, wie bei *eigentümlich.frei,* und knapp am Neonazismus vorbei schrammenden Magazinen wie *ZUERST!* aufgespannt. Dazwischen tummeln sich alle Schattierungen der Neuen Rechten, von jugendlich-aktionistisch wie die Identitären bis hin zu monothematischen Blogs wie *Politically Incorrect*. Nicht jede dieser Gruppierung mag zu jedem Zeitpunkt mit allen anderen im besten Einvernehmen stehen, aber es sind immer nur wenige Zwischenstationen, bis man von einer zur anderen gelangt.

Sie alle eint, dass sie keine Parteien darstellen. Alle propagieren Diskurse der Ungleichheit und der Ungleichwertigkeit. Das geht von den Fantasien, Arbeitslose und arme Menschen völlig zu entrechten, wie sie bei *eigentümlich.frei* und Teilen der AfD zu beobachten sind, bis zu Antifeminismus und antimuslimischem Rassismus. Diese Diskurse werden mit politischen und ökonomischen Konzepten verwoben und journalistisch verarbeitet. Durch Multiplikator_innen wie Sarrazin und Pirinçci gelangen diese Diskurse in eine immer breitere Öffentlichkeit. Seit 2014 zeigt sich, dass diese Diskurse auch auf die Straße getragen werden und sich dabei den Anschein einer spontanen Unmutsäußerung größerer Teile der Bevölkerung geben. Diese Diffusität und das immer wiederholte Mantra, nicht rechts und auch nicht links zu sein, verwirrt etablierte Politiker_innen, Parteien und Medien. Hier zeigt sich am deutlichsten, wie wenig zielführend und schlichtweg falsch die Extremismustheorie ist.

Die Neue Rechte hat es geschafft, vom akademischen Feld bis in weite Teile des Alltags vorzudringen. Das ist weder vom Himmel gefallen, noch kommt es unvorbereitet. Vielmehr wird seit über einem Jahrzehnt von einer Szene darauf hingearbeitet, die einerseits kein Problem damit hat, sich vom Nationalsozialismus loszusagen und diesen zu verurteilen, und andererseits offen für punktuelle oder längere Zusammenarbeit mit Neonazis ist. So scharen sich auf der einen Seite Menschen der vermeintlichen Mitte, also soziale und kulturelle Eliten mit vielen Ressourcen und Öffentlichkeit um diese Szene und auf der anderen Seite geht der Kontakt bis in den organisierten Neonazismus nicht verloren. Die Neue Rechte hat es vor allem in Deutschland geschafft, ihre Funktion als Scharnier- oder Mischspektrum wahrzunehmen. In Österreich beginnen zarte Pflänzchen der Neuen Rechten zu blühen, vor allem der Erfolg von Andreas Unterbergers Blog ist hierfür ein Indiz. Darüber hinaus gibt es eine im Vergleich zu anderen Ländern starke *Identitäre Bewegung*. Diese ist jedoch eng mit dem Umfeld der FPÖ und den Burschenschaften verknüpft, was ihre vermeintliche Eigenständigkeit untergräbt.

Es lässt sich sagen, dass der Erfolg verschiedenster bürgerlicher rechtsextremer Projekte zum Teil mit einer gut vorbereiteten und beharrlich arbeitenden Neuen Rechten zu erklären ist.

Die Neue Rechte und die Krise

In den letzten Jahren wurde der Aufstieg von Rechtsextremen, vor allem von Parteien, oft monokausal mit »Krise« erklärt. So einfach ist es allerdings nicht. Viele rechtsextreme Parteien, wie die FPÖ oder der Front National, haben schon weit vor dem Einsetzen der Wirtschaftskrise 2008 große Erfolge gefeiert. Andere Parteien, wie die NPD, konnten aus der Krise keinerlei konstante Wahlerfolge erzielen. Es ist also sehr wichtig, sich die jeweiligen Situationen in den verschiedenen Ländern im Detail anzusehen, bevor vorschnelle Schlüsse gezogen werden.

Für die Neue Rechte im deutschsprachigen Raum bildet die Krise allerdings eine gute Grundlage, um autoritäre und antidemokratische Vorstellungen vorzubringen. Dabei muss gesagt werden, dass Krise nie in ökonomischen Parametern gefasst wird, sondern als Gefühl verstanden wird. Insofern bildet die Wirtschaftskrise für die Neue Rechte eine weitere Komponente einer sich im Verfall befindenden Gesellschaft in Europa. Die Diagnosen einer »Dekadenz« und »Entwurzelung« ändern sich daher auch mit Einsetzen der Wirtschaftskrise nicht. Das ökonomische Vokabular fehlt in weiten Teilen, mit der Ausnahme von *eigentümlich frei* oder dem *Club de l'Horloge* und ihrer beinharten neoliberalen Agenda. Die Krise und ihre autoritäre und rassistische Deutung liefern aber einen Nährboden, der die Diskurse der Neuen Rechten populärer macht. Abstiegsängste der bürgerlichen Schichten bilden dafür die Grundlage. Gleichzeitig bröckelt durch die anhaltende Krise die Hegemonie der herrschenden Klasse. Diese reagiert auf das Infragestellen ihrer Macht zunehmend mit Zwang. Dadurch wird ein Sicherheitsdiskurs vorangetrieben und u.a. mit dem Hochrüsten von Polizeieinheiten bzw. von Sondereinheiten verbunden. Diese Politik hat das Ziel, Demonstrationen und andere Widerstände niederzuschlagen.

Damit bereitet sich der herrschende Block an der Macht auf den Ausnahmezustand vor bzw. führt ihn selbst temporär ein. Das zeigt zum Beispiel Hamburg mit dem Gefahrengebiet 2013/14. Die Hamburger Polizei erklärte das Schanzenviertel mit dem autonomen Zentrum Rote Flora und Teile von St. Pauli und Altona zum Gefahrengebiet. Das bedeutete auf unbestimmte Zeit die Stationierung von hochgerüsteten Polizeieinheiten in den Vierteln, die unbegründete Personenkontrollen sowie die Überprüfung aller mitgeführten Gegenstände einer jeden Person durchführen konnten. In Wien gab es ein ähnliches Beispiel. Vor den Demonstrationen gegen den Burschenschafterball 2014 verhängte die Wiener Polizei über die gesamten Innenbezirke (in denen etwa ein Viertel der Stadtbevölkerung lebt) ein Vermummungsverbot. Mitten im kalten Januar bedeutete das, dass das Tragen oder auch nur das Mitführen von Schals und Mützen zu einer Verwaltungsstrafe führen konnte. Auch in diesem Fall wurde der Polizei erlaubt, jede Person, die sich im Gebiet aufhielt, unbegründet zu überprüfen. Diese Politik ermöglicht es, Menschen- und Bürgerrechte massiv einzuschränken oder wie derzeit in Spanien abzuschaffen[27] und ohnehin schon marginalisierte Gruppen weiter zu drangsalieren und disziplinieren.

Diese zunehmend autoritären Maßnahmen sind für die Neue Rechte in mehrerer Hinsicht förderlich. Erstens befördern sie ihre Diskurse in eine breite Öffentlichkeit. Eine Politik des Aussetzens von Menschenrechten wird wieder gesellschaftsfähig. Zweitens sind von den Maßnahmen ungeliebte Gruppen negativ betroffen. Drittens ist es ein Indiz des Bröckelns der Herrschaft des aktuellen Systems. Gerade Hamburg hat gezeigt, dass diese Diskurse auch kippen können, was die Hegemonie der Herrschenden weiter minimiert, wie die Klobürsten als Symbol von Widerstand bewiesen. In jedem Fall beschleunigen sich Prozesse und Diskurse durch das Einsetzen der Krise, da sich soziale Realitäten ändern. Die Krise hat die Länder an der Peripherie schlimmer getroffen als jene im Zentrum. Das ist kein Zufall. In Ländern wie Griechenland und Spanien wurden auf Druck des Krisenregimes der EU drastische Kürzungs- und Sozialabbauprogramme durchgesetzt, sodass große Teile der Bevölkerung verarmten oder keinen adäquaten Zugang zu grundsätzlichen Rechten wie Wohnen, Nahrung oder medizinische Versorgung mehr hatten. Im Dezember 2014 zeichnet sich in beiden Ländern auf Parteien-

---

[27] Im Januar 2015 wurde ein Gesetz verabschiedet, das das Demonstrationsrecht massiv einschränkt und mit hohen (bis zu 600.000 Euro) Ordnungsstrafen ahndet. Das Herausnehmen aus dem Strafrecht verhindert, dass die Fälle vor dem Verfassungsgericht verhandelt werden. Zudem müssen bei Verwaltungsstrafen die Beschuldigten alle Verfahrenskosten selbst tragen.

ebene ein deutlicher Linksruck ab. Neue Parteien wie SYRIZA oder Podemos übernehmen die Kämpfe, Forderungen und Diskurse sozialer Bewegungen von der Straße und tragen sie in die Parlamente bzw. auf die Ebenen der Wahlparteien.

Das aktuelle Krisenregime samt seinen Akteur_innen darf auch im Zentrum nicht gegen Rechtsextreme verteidigt werden, trägt es doch zum Aufstieg letzterer bei. Solidarische und emanzipatorische Antworten auf die Krise sowie ihre Analyse auf Basis von Ökonomie und gesellschaftlichen Rahmenbedingungen sind ein wichtiger Beitrag für antifaschistische Kämpfe.

Elite gegen Masse

Ein weiterer Grund für den Aufstieg der Neuen Rechten im letzten Jahrzehnt ist, dass die Massen Teil der Strategie geworden sind. Das ist ein deutlicher Widerspruch zu den ursprünglichen Ideen der Konservativen Revolution oder der Neuen Rechten bis in die 1990er Jahre. Mit der neuen Generation der Neuen Rechten ab Anfang der 2000er wurde ein immer massenfreundlicherer Diskurs gepflegt. Das geht mit einer Zunahme an Aktionismus und einer Öffnung für jüngere Protagonist_innen einher. Das Bild der alten Professoren, die an Universitäten sitzen und sich über das Feuilleton der Frankfurter Allgemeinen Zeitung austauschen, hat ausgedient. Dazu hat vor allem auch die Kommunikation über das Internet und im Speziellen die Etablierung von Social Media beigetragen. Die meisten neurechten Projekte haben professionell gemachte Internetauftritte oder finden überhaupt zum größten Teil dort statt. Spätestens damit wandelte sich die Strategie von elitären Gesprächskreisen, zu denen man eingeladen werden musste, zu einem Diskurs mit Leuten, die unterschiedliche theoretische Niveaus haben. Einer Verflachung des Diskurses bei vielen neurechten Projekten stehen eine breitere Wirkung und ein schnellerer Zugang zu Multiplikator_innen gegenüber. So werden Bilder und Artikel zigfach, auch von bekannten Politiker_innen, geteilt. Diese Öffentlichkeit blieb der Neuen Rechten bis dato verschlossen. Dazu kommt ein sehr freundlicher und anbiedernder Umgang mit vermeintlichen Bewegungen »von unten«, wie Pegida oder HoGeSa. Während

Edgar Julius Jung[28] noch »Achtung« vor »Volksbewegungen« hatte, als die er den Nationalsozialismus sah, verabscheute er auch ihre »Primitivität« und stellte klar die geistige Arbeit (also seine eigene) über die bloße Masse auf der Straße. Die aktuelle Neue Rechte ist gerade dabei, diesen Widerspruch entweder aufzulösen oder den Elitenaspekt zugunsten der Masse aufzugeben. Die kommenden Jahre werden zeigen, in welche Richtung sie sich entwickelt.

---

[28] Edgar Julius Jung (1894-1934) ist einer der Hauptprotagonisten der Konservativen Revolution. Er wurde im Rahmen des so genannten Röhm-Putsches ermordet, weil er aus konservativer Sicht Kritik am Nationalsozialismus geäußert hatte, ohne ihn komplett abzulehnen.

Was tun gegen die Neue Rechte?

Die Neue Rechte hat zum Ziel, die wertkonservative Mitte zu radikalisieren und rechtsextreme Ideologie salonfähig zu machen. Sie will in den Mainstream der Gesellschaft vordringen und wird dabei von konservativen Kräften – bewusst oder unbewusst – unterstützt. Konservative Politiker_innen, Blogs und Think Tanks stehen längst Verlagen, Publikationen und Akteur_innen, die eine klar rechtsextreme Ideologie vertreten, mit ihren Positionen in nichts nach: In der Hetze gegen Muslim_innen, Linke und Homosexuelle ist man sich schnell einig.

Die Neue Rechte baut auf bereits vorhandenen Begriffen und Vorstellungen aus dem Alltag auf, die unter anderem stark emotional aufgeladen sind: z.B. einem unreflektiert positiv besetzten Begriff des schönen Heimatlandes, der in Wahlkämpfen und in der Volksmusik vorkommt. Die Neue Rechte weist auf soziale Missstände und Verteilungskämpfe hin, thematisiert ungleiche Ausbildungs- und Aufstiegschancen sowie die Sorge, keinen Job zu bekommen und im Alter unter Armut zu leiden. Dabei geht es ihnen nicht um kurzfristige Wahlerfolge, stattdessen wollen sie das Denken und Sprechen breiter Bevölkerungsschichten zu ihren Gunsten verändern, denn dadurch werden sie gestärkt, werden sie als Akteur_innen akzeptiert und wird das, was sie sagen, selbstverständlicher. Die Neue Rechte will das Spielfeld für ihre eigene Politik, ihre Aktionen, ihre Feindbilder erweitern.

Was also tun? Gegenstrategien können nicht bloß darauf ausgerichtet sein, kurzfristig Aktionen der Neuen Rechten zu verhindern. Akteur_innen verschiedener Art können unterschiedlich gegen die Neue Rechte agieren. So haben NGOs andere Möglichkeiten und eine andere Rolle als Journalist_innen oder Regionalpolitiker_innen. NGOs können, ohne sich über Umfragewerte Gedanken zu machen, öffentliche Stellungnahmen schreiben und kompromisslos Kampagnen organisieren. Politiker_innen können antifaschistische Proteste entkriminalisieren, vor allem, indem sie selbst an ihnen teilnehmen. Journalist_innen können Rechten Interviews abschlagen, kritisch über sie berichten, statt sie reden zu lassen. Einzelpersonen schlussendlich können durch Zivilcourage im Alltag gegen Unrecht eintreten.

Was kann das konkret in der Praxis bedeuten? Es ist notwendig, die Personen beim Namen zu nennen, ihre politische Verwobenheit mit rechtsextremen Netzwerken immer wieder aufzuzeigen, und nicht aufzuhören, ihre Slogans zu hinterfragen. Dabei dürfen wir auch nicht Halt vor Personen machen, die aufgrund vorangegangener künstlerischer, karitativer, sportlicher oder politischer Aktivitäten berühmt und beliebt geworden sind. Nichts rechtfertigt Diskriminierungen, nichts rechtfertigt, zu behaupten, Menschen seien ungleich und nicht gleichwertig und dürften nicht neben- und miteinander leben.

Auf den folgenden Seiten haben wir daher Vorschläge zusammengefasst, wie man mit der Neuen Rechten umgehen sollte, um ihnen ihre Aktivitäten so unbequem wie möglich zu machen und Synergien antifaschistischer Arbeit zu nutzen.

Die Neue Rechte als das benennen, was sie ist

Die Neue Rechte wird von Menschen geprägt, die eine rechtsextreme Ideologie vertreten, die jedoch selbst nicht dem klischeehaften Bild von Neonazis in Springerstiefeln entsprechen. Sie tragen Anzüge, haben oft angesehene Jobs, gehören zur (selbst ernannten) gesellschaftlichen Elite, publizieren in Zeitschriften und Zeitungen und geben selbst Blogs und Druckmedien heraus. Unter ihnen befinden sich Burschenschafter und andere Korporierte, Künstler_innen, Politiker_innen, Universitätslehrende. Sie stehen ein für Ungleichheit zwischen Menschen, antimuslimischen Rassismus, konservative Geschlechterrollen und für eine hierarchische Gesellschaft.

Neurechte Akteur_innen sind nicht gefährlich in dem Sinne, dass man sie mit Schlägernazis vergleichen müsste. Die Gefahr geht vielmehr davon aus, dass sie mit ihrer Ideologie eine breite Öffentlichkeit schaffen, dass sie zitiert werden, sich in zivilgesellschaftliche Bündnisse einbringen und in Parteien und NGOs eindringen. Um sie zu bekämpfen oder ihnen zumindest das Leben schwer zu machen, ist es wichtig, ihre Argumentationen zu durchschauen und nicht auf ihre rhetorischen Tricks hereinzufallen. Man muss ihre Strategien offenlegen und kann damit ihre messianische Position entzaubern. Denn auch wenn jemand einen akademischen Titel hat, karitativ tätig ist, Sänger ist oder sich schick kleidet, kann er_sie inhaltlich gefährlich sein. Also muss man konsequent aufzeigen, gegen wen die Neue Rechte hetzt, und verdeutlichen, dass die Lösungsvorschläge, die sie anbietet, nur in der Diskriminierung ganzer Bevölkerungsgruppen mündet – auch wenn Unverständnis und Widerstand zunächst größer sind als bei klar erkennbaren Rechtsextremen.

Dokumentieren und Informationen weitergeben

Egal, ob es sich um ein Facebook-Posting, eine Rede auf einer Demonstration, einen Gastkommentar in einer Zeitung, eine Presseaussendung, einen Liedtext oder eine Karikatur oder ein Foto von einer Versammlung oder einem anderen Event handelt: Wenn eine Person zu sehen ist, von der bekannt ist, dass sie bei einer neurechten Organisation ist, so sollte man das dokumentieren. Das gilt auch für Texte und Bildquellen, die aus antifaschistischer Perspektive interessant erscheinen, auch wenn man keine Person namentlich kennt, doch zum Beispiel ein Logo oder ein Begriff bekannt vorkommt.

Gerade im Internet werden Fotos, Videos und Texte auf Blogs und in sozialen Netzwerken schnell geändert oder gar gelöscht. Doch sind Screenshots, Gedächtnisprotokolle von Veranstaltungen und Kopien jeder Art sehr hilfreich, um zum Beispiel Personennetzwerke oder eine Chronologie von Personen oder Organisationen nachzuzeichnen.

Dabei muss man nicht gleich selbst ein durchorganisiertes Privatarchiv aufbauen: Es gibt viele Institutionen, die selbst Archive verwalten, beispielsweise von rassistischen Übergriffen oder Gewalt gegen Antifaschist_innen, Störaktionen oder dubiosen Veröffentlichungen. Wissen nützt dann am meisten, wenn es weitergegeben wird, denn von Archiven beziehen wiederum Wissenschaftler_innen und Journalist_innen ihre Daten. Archive zu beliefern, leistet folglich einen wichtigen Beitrag und ist antifaschistisches Engagement.

Agieren, nicht nur Reagieren

Gegenaktionen zu neurechten Aktivitäten und Publikationen sind wünschenswert. Dennoch liegt der Vorteil bei beständiger Argumentationsarbeit darin, unabhängig vom rechtsextremen Stundenplan arbeiten zu können. Keinesfalls muss man sich täglich mit der Neuen Rechten auseinandersetzen, schließlich gibt es eigene Veranstaltungen, eigene Bücher, eigene Blogs, die es zu planen, zu schreiben und zu lesen gibt und von denen man sich nicht abbringen lassen sollte. Agieren heißt auch, sich zu trauen, ohne rechtsextremen Anlass selbst Texte zu verfassen und Rechtsextremismus zum Thema zu machen.

Jede Person in der Umgebung, die über die Neue Rechte nachdenkt, ist eine Person, die potenziell widerspricht, wenn sie auf einen ihrer Texte, Reden oder Videos stößt. Die Strategie »Bloß nicht drüber reden« funktioniert nicht bei politischen Akteur_innen, die sich ihre Öffentlichkeit selbst schaffen, sich wiederholt in Debatten einmischen und sich bereits organisiert haben. Die beste Waffe im Kampf gegen Rechtsextremismus sind Aufklärung und Gegenargumente – damit das nächste Mal, wenn ein Flyer auftaucht, dieser nicht Neugier oder Akzeptanz erzeugt, sondern identifiziert und weggeworfen wird.

Keinen Raum geben!

Wenn sich die Möglichkeit eröffnet, muss man der Neuen Rechten die Öffentlichkeit streitig machen. Das bedeutet, bei Veranstaltungen von ihnen wachsam zu sein, Ankündigungsmaterialien nicht ohne weiteres liegen und kleben zu lassen sowie öffentliche Einrichtungen dazu zu bewegen, keine Räumlichkeiten zu vermieten. Bei größeren Veranstaltungen – gern getarnt als Bürgerproteste – ist es oft auch notwendig, Gegenproteste zu organisieren.

Wenn man auf eigenen Veranstaltungen von Störaktionen betroffen ist: Mit diesen Störaktionen wollen sich neurechte Aktivist_innen ermächtigen und politische Gegner_innen einschüchtern. Daher sollte man bei Veranstaltungen darauf achten, über das Hausrecht zu verfügen und Störer_innen so schnell wie möglich des Raumes zu verweisen. Wovon dringend abzuraten ist,

ist sich vor Ort mit neurechten Aktivist_innen auf Diskussionen einzulassen, sie ins Publikum oder gar spontan auf die Bühne kommen zu lassen. Die Neue Rechte hat Publikationsorgane und Netzwerke, hat folglich genügend Möglichkeiten, sich Gehör für ihre rechtsextreme Ideologie zu verschaffen. Da müssen nicht auch noch linke, kritische, antifaschistische Veranstaltungen ihre Öffentlichkeit mit ihnen teilen.

Wenn man Aktivist_innen der Neuen Rechten in der Arbeit, an der Schule, der Uni oder auf einer Veranstaltung begegnet, ist es eine Chance, ihre Politik zu thematisieren, sei es mit Kolleg_innen, Lehrenden, Freund_innen. Das kann bedeuten, ihre Symbole öffentlich abzulehnen, ihre Kleidung und rhetorischen Spielereien zu decodieren und ihr Gesellschaftsbild zum Thema zu machen. Zusammengefasst: Es geht darum, ihnen die Selbstverständlichkeit zu nehmen, sich und ihrer Ideologie Raum zu nehmen und für sie unbequem zu sein.

Nicht nur personalisierte Kritik üben

Auch wenn es notwendig ist, Aktivist_innen zu identifizieren, um sie bei Aktionen, in sozialen Netzwerken und auf Veranstaltungen wiederzuerkennen, so sollte man sich nicht nur auf die aktiven Personen konzentrieren. Kritiken und Gegenargumentationen müssen sich immer auf die Ideologie beziehen. Auch wenn es den eigenen Standpunkt untermauert, zu wissen, wer die zentralen Player_innen sind, so darf die Kritik nicht bei den Personen und ihrer Biografie aufhören. Denn das greift zu kurz. Antifaschismus bedeutet, immer wieder Begriffe streitig zu machen und ihre Bedeutung zu erklären. Zum Beispiel dürfen Wortschöpfungen wie »Islamisierung« oder auch »Ethnomasochismus« nicht unwidersprochen bleiben.

Obmänner, Publizist_innen und Blogger_innen können verschwinden und sind leicht austauschbar – die Ideologie dahinter bleibt und sie muss es sein, die im Mittelpunkt jeder Kritik steht.

Niemals links und rechts gleichsetzen

Es gibt keine Äquidistanz zwischen links und rechts! Wer sich gerne moderat-demokratisch geben möchte und sich von vermeintlichen »Extremist_innen jeder Art« distanzieren will, vergisst, dass es essenzielle Unterschiede zwischen linker und rechter Ideologie gibt. Linke gehen für Minderheitenrechte auf die Straße, richten sich gegen die Privilegierten einer Gesellschaft und kämpfen für mehr Demokratie. Rechte gehen in der Regel gegen Marginalisierte vor, beschwören den Kulturbegriff und wollen eine autoritärere Politik. »Linksextreme« Gewalt heißt brennende Mülltonnen und Vandalismus. Rechtsextreme Gewalt heißt, Menschen aufgrund ihrer Herkunft, Hautfarbe und/oder politischen Haltung krankenhausreif zu prügeln oder sogar zu töten. Zu beiden Seiten die gleiche Distanz haben zu wollen, heißt im Prinzip, sich rechter zu positionieren als einem wohl selbst bewusst ist. Denn damit bedient man einen Extremismus-Begriff, der spätestens seit den 1990er Jahren in der Alltagssprache verhaftet, aber problematisch ist.

Doch die Neue Rechte verwischt die Grenzen zwischen Rechtsextremismus, der vielen zu schmuddelig ist, und dem wertkonservativ-bürgerlichen Spektrum, dem brave, elitäre Demokrat_innen gern angehören. Es gibt keine brave, demokratische, gute bürgerliche und unbefleckte Mitte, auch wenn noch so viele dieser Mitte angehören wollen. Rassismus, Sexismus bis offener Frauenhass, Homophobie und das Vertreten autoritärer Herrschaftswünsche finden sich in dieser »Mitte« genauso und sichern die ideologischen Kerne von Rechtsextremismus ab.

Links und rechts sind diametral gegensätzlich, ihre Ideologien und Ideengeschichten könnten unterschiedlicher nicht sein. Daher ist es gefährlich, antifaschistische Initiativen mit Rechtsextremen gleichzusetzen, da dies Rechtsextremen hilft und Antifaschist_innen kriminalisiert.

Antifaschismus geht alle an!

Die Neue Rechte agiert an der Schnittstelle zwischen dem konservativen und dem rechtsextremen politischen Spektrum und arbeitet daran, diese Grenze zu verwischen. Allianzen gibt es mit dem burschenschaftlichen Milieu, dem NPD- und AfD-Umfeld, so genannten Bürgerinitiativen und -Bewegungen wie den Friedensmahnwachen oder auch Pegida sowie in Österreich der FPÖ und deren Vorfeldorganisationen. Darüber hinaus stützt sich die Neue Rechte auf konservative Politiker_innen, Publizist_innen und Think Tanks, die sich am rechten Rand der Konservativen, also der CDU/CSU in Deutschland und der ÖVP in Österreich, ansiedeln. Aufklärungsarbeit ist bitter nötig, das gilt für alle Teile des linken und progressiven Spektrums. Das betrifft auch Organisationen und NGOs, die vermeintlich thematische Schnittmengen mit der Neuen Rechten haben, etwa Globalisierungskritik oder Umweltschutz, aber nicht so eng mit antifaschistischen Gruppen vernetzt sind. Es ist wichtig, dass es einen breiten antifaschistischen Diskurs gibt, der sich mit feministischen, antirassistischen, antikapitalistischen und weiteren Diskursen verbindet. Gemeinsam sind wir am stärksten im Kampf um eine bessere Welt.

Ansonsten gilt, was für jede antifaschistische Arbeit Gültigkeit hat: Aufklärungsarbeit mittels Vorträgen, Workshops, Seminaren und Lesekreisen ist an Schulen, gezielt für Schüler_innenvertretungen, Lehrende im sekundären und tertiären Bildungsbereich, im Rahmen von Erwachsenenbildung, an Universitäten, als Teil kritischer Medienausbildung und -Berichterstattung sowie bei öffentlichen Veranstaltungen berufs- und altersgruppenübergreifend notwendig und förderungswürdig!

Zivilcourage zeigen

Zivilcourage zu haben, heißt, befähigt zu sein, Grenzüberschreitungen, Herabwürdigungen und Gewalt als solche zu erkennen, wenn sie passieren. Das bedeutet auch, über die eigenen Handlungsmöglichkeiten Bescheid zu wissen und sich dafür zu entscheiden, Überschreitungen und empfundene Ungerechtigkeiten zu verhindern, einzudämmen und sich mit Betroffenen solidarisch zu zeigen, sei es durch ein unmittelbares Eingreifen oder auch publizistisch. In einem gesellschaftspolitischen Zusammenhang heißt Zivilcourage, gegen Verhältnisse, die als untragbar empfunden werden, zu protestieren bzw. sich für Widerstand zu entscheiden und dafür die geeigneten Mittel zu wählen. Zusammengefasst bedeutet Zivilcourage, sich als Unbeteiligte_r zur_zum Beteiligten zu machen, wenn es eine Situation erfordert. Folglich kann jede_r Einzelne etwas dazu beitragen, rechtsextreme Ideologie mit all ihren Auswüchsen wie verbaler, psychischer oder auch physischer Gewalt in die Schranken zu weisen.

Abkürzungsverzeichnis

AfD	Alternative für Deutschland
BI	Bloc Identitaire
Dügida	Düsseldorfer gegen die Islamisierung des Abendlandes
FED	Federal Reserve System, Zentralbanksystem der USA
FKBF	Förderstiftung Konservative Bildung und Forschung
FPÖ	Freiheitliche Partei Österreichs
GI	Génération Identitaire
GRECE	Groupement de Recherche et d'Etudes pour la Civilisation Européenne, zu Deutsch: Forschungs- und Studiengruppe für die europäische Zivilisation
HoGeSa	Hooligans gegen Salafisten
IfS	Institut für Staatspolitik
JF	Junge Freiheit
Kagida	Kassel gegen die Islamisierung des Abendlandes
KSA	Konservativ-Subversive Aktion
NPD	Nationaldemokratische Partei Deutschlands
Pegida	Patriotische Europäer gegen die Islamisierung des Abendlandes
PKK	Partiya Karkerên Kurdistan (Arbeiter_innenpartei Kurdistans)

Ausgewählte Literatur

Aftenberger, Ines (2007): Die Neue Rechte und der Neorassismus, Graz.

Assheuer, Thomas/Sarkowicz, Hans (1992): Rechtsradikale in Deutschland. Die alte und die neue Rechte, München.

Barthel, Michael/Jung, Benjamin (2013): Völkischer Antikapitalismus. Eine Einführung in die Kapitalismuskritik von rechts, Münster.

Bathke, Peter/Hoffstadt, Anke (Hrsg.) (2013): Die neuen Rechten in Europa. Zwischen Neoliberalismus und Rassismus, Köln.

Benoist, Alain de(1985): Kulturrevolution von rechts. Gramsci und die Nouvelle Droite, Krefeld.

Benthin, Rainer (2004): Auf dem Weg in die Mitte. Öffentlichkeitsstrategien der Neuen Rechten, Frankfurt a.M./New York.

Brauner-Orthen, Alice (2001): Die Neue Rechte in Deutschland. Antidemokratische und rassistische Tendenzen, Opladen.

Breuer, Stefan (1993): Anatomie der Konservativen Revolution, Darmstadt.

Bruns, Julian/Glösel, Kathrin/Strobl, Natascha (2014): Die Identitären. Handbuch zur Jugendbewegung der Neuen Rechten in Europa, Münster.

Daphi, Priska u.a. (2014): Occupy Frieden. Eine Befragung der Teilnehmer/innen der »Montagsmahnwachen für den Frieden«. Forschungsbericht. Zentrum Technik und Gesellschaft, Technische Universität Berlin, Bereich Soziale Bewegungen, Technik, Konflikte. In Kooperation mit dem Verein für Protest- und Bewegungsforschung e.V., Berlin.

Gessenharter, Wolfgang/Fröchling, Helmut (Hrsg.) (1998): Rechtsextremismus und Neue Rechte in Deutschland. Neuvermessung eines politisch-ideologischen Raumes, Opladen.

Gramsci, Antonio (2012): Gefängnishefte 1-10. Kritische Gesamtausgabe, Hamburg.

Jäger, Siegfried/Paul, Jobst (Hrsg.) (2001): »Diese Rechte ist immer noch Bestandteil unserer Welt«. Aspekte einer neuen Konservativen Revolution, Duisburg.

Kellershohn, Helmut/Dietzsch, Martin (Hrsg.) (2010): Rechte Diskurspiraterien. Strategien der Aneignung linker Codes, Symbole und Aktionsformen, Münster.

Kemper, Andreas (2013): Rechte Euro-Rebellion. Alternative für Deutschland und Zivile Koalition e.V., Münster.

Kemper, Andreas (2014): Sarrazins Correctness. Zur Tradition der Menschen- und Bevölkerungskorrekturen, Münster.

Koch, Heiko (2013): Casa Pound Italia. Mussolinis Erben, Münster.

Müller-Uri, Fanny (2014): Antimuslimischer Rassismus, Wien.

Pfahl-Traughber, Armin (1998): Konservative Revolution und Neue Rechte. Rechtsextremistische Intellektuelle gegen den demokratischen Verfassungsstaat, Opladen.

Poulantzas, Nicos (2002): Staatstheorie. Politischer Überbau, Ideologie, Autoritärer Etatismus, Hamburg.

Purtscheller, Wolfgang (Hrsg.) (1994): Die Ordnung, die sie meinen. »Neue Rechte« in Österreich, Wien.

Schiedel, Heribert (2011): Extreme Rechte in Europa, Wien.

Schmid, Bernhard (2009): Die Neue Rechte in Frankreich, Münster.

Schui, Herbert (2014): Politische Mythen & elitäre Menschenfeindlichkeit. Halten Ruhe und Ordnung die Gesellschaft zusammen?, Hamburg.

Teidelbaum, Lucius (2013): Obdachlosenhass und Sozialdarwinismus, Münster.

Terkessidis, Mark (1995): Kulturkampf. Volk, Nation, der Westen und die Neue Rechte, Köln.

Weber, Iris (1997): Nation, Staat und Elite. Die Ideologie der Neuen Rechten, Köln.

Weiß, Volker (2011): Deutschlands Neue Rechte. Angriff der Eliten – von Spengler bis Sarrazin, Paderborn.